都会を離れて 古民家暮らしはじめました

牛尾 篤

AKISHOBO

「森のバター」
牛尾 篤 画

都会を離れて古民家暮らしはじめました

目次

はじめに

移住がひらく、新しい人生

四十代と五十代のふたり、
長年住みなれた東京をあとに山口市移住、起業を決断した。
順調だった私のイラストレーションの仕事は、
紙媒体と雑誌の減少とともに少なくなっていった。
そんな時期に両親の体調が悪化した。
ダブルパンチで悩み事が襲ってくるなんて、

と思わないではなかったが、動くのは今しかないと決意し移住、
店をオープンすることができた。

移住、起業を決めることができたのは、
やはり自分たちの直感を信じたから、というほかない。
日本は世界で最も安全で、かつ広い。
希望を持って行動を起こせば、現状を打開することができる。
仕事や人生で悩んでいる人たちに、
そのようなことが伝わったらいいな、と思っています。

I

このまま東京で暮らしていって幸せだろうか？

パソコンが我が家にやってきた

マッキントッシュのパソコンが家に届いたのは、二〇〇〇年くらいだったろうか。お祭り気分のミレニアムを祝うイルミネーションが、話題になった年である。スケルトンのプラスチックなので中身が透けて見えるズングリした宇宙船みたいなボディのパソコン、画面に比べて、全体は意外とデカい印象。楕円形というべきか、流線形というべきか、なんとなくアメリカの近未来人形劇（？）「サンダーバード」の二号を思い浮かべた。

携帯電話はすでに登場してはいたものの、やはり検索は画面が大きい方が断然見やすい。

ひたすら思いつくままに言葉を打ち込み、検索して、なんでも出てくるなあと感心し、便利な時代になったものだと感謝すらしていた。

しかし、ふと頭をよぎったのは、「これは、百科事典はもちろん辞典類すらほとんど日常生活に必要なくなるよなあ」ということだった。時代は決定的に変わっていく、そんな予感と漠然とした不安が私の中に生まれていた。

私が子ども時代を過ごした昭和三十年代、四十年代、友達の家に行くと応接セットがあり、百科事典、美術全集、あるいは山の写真集が、ステレオセットと共に壁の棚に収まっていた。一億総中流の名にふさわしく、積ん読ならぬ見せ読のために、多くの家庭が我が家こそ中流の見本、とばかりにそれらを買いそろえていたと思う。


Ｍａｃを買って一、二年したころだっただろうか。友人、知人から少々不穏なニュースが飛び込んでくるようになった。

ある友人の女性は、家に帰ってパソコンを開けると、会社の同僚男性からメールが届いていた。

内容は「あなたの最大の理解者は私である」ということが遠回し、かつ迂回しまくった表現で長々と綴ってあるらしかった。

ある日、その妻子持ちの中年男性に思いきって「私、仕事以外のメールは、疲れちゃってて全然読まないんです」と言うと、メール攻撃はその日以来ピタリと止んだという。

メールが来なくなったことにほっとした彼女だったが、「なんか、あのくどい長メールが今後一切読めないと思うと、ふとさびしい気がして。人間て矛盾してるよねえ」とつぶやいていた。

ある男性デザイナーの友人は、ＢＢＳが乗っ取られたと報告してきた。ＢＢＳとは当時流行していたホームページの告知板のようなもので、コミュニケーションツールとして使われていた。

彼は、本の装丁を仕事にしていても、展示会をしない限り地味で目立つこともないし、自分の仕事をトータルで見せたいとホームページを作っていた。

そんなある日、「あなたのお仕事のファンです」とＢＢＳに書き込んできた女性がいた。女性のファン、何だか一瞬、孤独な仕事から解放された気分になったと彼は語っていた。毎日のように書き込みは続いた。どうやら彼女は、自身が運営する教室の生徒集めに、彼のBBSを利用し始めたのだった。すったもんだのやり取りのあげく、何とか書き込みを止めてもらうことに落ち着いた。友人は、「なんで自分のホームページで疲労困憊しなきゃならないんだよ」と嘆いていた。

うっすらとした危機感がしだいにリアルな色彩を帯び始めていくような心地がした。まだうっすらとした危機なら、ぼんやりとすごせば日々は過ぎていくだけのことである。コンピューターといえば、会社か研究機関にあるものだった。それがパーソナルコンピューター、パソコン、個人がコンピューターを持つことになったのである。

以前なら最先端の情報は、雑誌かテレビを見るしかなかったのが、インターネットを通じて即座に検索できるようになった。さらに、受け手側のパソコンからも情報発信できてしまう。きっとこれから、紙の本や雑誌にとって厳しい時代が来ることになるだろう、そんな確信めいた予感がした。

革命とも呼べる時代に、私は生きているのかもしれないと思いつつ、私の興味はやはり紙の本であることに変わりなかった。

イラストレーターへの憧れ

話はさかのぼる。

中学二年生くらいの時、イラストレーションに興味をもつようになった。学校の図書室に『世界のデザイナー』という画集があり、中に収められていたピーター・マックスという人の描く世界が好きだった。ポップな原色を使った色彩、丸みを帯びた線。ポップ、サイケデリック、という言葉とともに人気を集めていたイラストレーターである。

赤、ピンク、青、イエローの強い色味と平面的な画面構成と構図。彼のあとに続くイラストレーターであれデザイナーであれ、その作品から影響を受けなかった者はいないだろうと思うほど、デザイン界では際立った存在だった。

西洋絵画の画集は見ていても、本物を見る機会はない。町の中にあふれだしたデザインやイラストレーションに、興味がわくようになっていった。その中で、私が最も視覚的な刺激を受けたのがレコードジャケットだ。

初めて買ったLPは、ビートルズの『イエロー・サブマリン』だったろうか。ジャケットデザインはピーター・マックスをモロに意識したイラストレーション（一部ではパクリとも騒がれた）。画面下に、黄色いサブマリンが描かれていてうれしくなった。

レコードジャケットは、三十センチ四方のサイズがあるので、町の喫茶店などに飾ってあるといやがおうでも目についた。ジャケ買いするほどのおこづかいはもらっていなかったので、父親の買ったジャズやムード歌謡（？）のLPを並べて鑑賞していた。祖父が聴いていたというSP盤は、文字だけで地味なデザインだったが、文字のみのデザインの面白さに開眼した。

中学三年くらいの頃だろうか、私の住んでいるちいさな町にも、オーディオショップができていた。

俗にいうオーディオブームの到来である。店に入ると、サンスイ、トリオ、パイオニアの三大ブランドをはじめ、真空管アンプやら何やらが並び、機械にはまったく疎《うと》い私にも、高級感あふれる光景は魅力的だった。

おそらく日本全体が、我が家こそ中流の見本からそろそろ上を目指したい、人とは違うワンランク上の趣味を持ちたい、そんな意識も手伝ってオーディオ熱を生み出していたと思う。

視覚的な刺激も、こちらが求めなくてもテレビのスイッチを入れるだけで、ド派手なCMが流れ、本屋に入るだけで新雑誌創刊号や、意表をつく装丁の本を目にすることができた。

私が高校生になったころ、「野性時代」という文芸誌が角川書店から出版された。B5判の文芸誌は画期的な大きさで、めだちまくっていた。

アートディレクターは、山口はるみ氏を起用したパルコのポスターを手がけ、のちに衣装デザイナーとしても名を馳せた石岡瑛子氏である。

「野性時代」は、毎号表紙全面がイラストレーションというところが異色だった。目次ページは寄稿作家の方々の顔写真が丸く切り抜かれて掲載され、新鮮だった。星新一氏や小松左京氏などのSF作家は、映画スターのような存在に思えたし、イラストレーターも時代の先端をいく職業に感じた。

日本国内で好きなイラストレーションは、ダントツに宇野亞喜良《あきら》氏の描き出す、メランコリックで幻想的な世界だった。のちに私は美術大学に入ってから、ペン画や銅版画を始めるのだが、線画に対する興味はヨーロッパの銅版画より、宇野亞喜良氏の線に憧れたことが大きい。

アメリカやイギリスのポップなデザインに新しい刺激を受けつつ、自分の内なる日本の美術やデザインに対する興味が、掘り起こされてもいた。

その発端となったのは、テレビ人形劇の『新八犬伝』だ。歌舞伎を思わせる華麗かつ重厚な衣装に身を包んだ主人公たち。圧巻の迫力で迫ってくる人形の作者は、辻村寿三郎《つじむらじゅさぶろう》氏である。特に注目したのは、人形の顔にちりめんを使って、皮膚の質感を表現していたことだろうか。

次に町の書店で惹きつけられたのは、横尾忠則氏の浮世絵とポップが融合したポスターだった。横尾氏のブックデザインも鮮烈だったが、ご本人も映画やテレビにたびたび登場していた。

高校時代、横尾忠則氏のデザインと、版画家であり映画監督、芥川賞作家でもある池田満寿夫《ますお》氏による装丁デザインに釘付けだった。

「週刊プレイボーイ」に、柴田錬三郎氏の「うろつき夜太《やた》」という連載小説がスタートし、その挿絵に、横尾氏の切れ味鋭いコラージュイラストレーションが掲載されていた。

毎号、「週刊プレイボーイ」を買うと決めたものの、高校生だったので少々気が引けた。

本屋のオヤジさんの顔色をうかがいながら、連載小説が終わるまで「週刊プレイボーイ」を買いつづけ、横尾氏のイラストレーションのページを全て切り取って、ファイルしていた。

そういう風にして、イラストレーションやデザインに対する興味の方向性は、高校・大学生の頃に出来上がっていった。漠然とかつ大げさに言えば私の目指すところは、硬派な大人のイラストレーションだった。

もっとも私の内なる日本回帰の気持ちを盛り上げたのは、テレビ時代劇『早筆《はやふで》右三郎《うさぶろう》』のタイトル画だ。

タイトル画は、日の出や宇宙の動画を背景に、江戸期の図案や浮世絵がコラージュされ、画面が移り変わってゆく。深町純氏のスピード感あふれる電子ピアノの曲とともに、見る者を非日常の世界に誘い込んでいた。

美術大学の油絵科に入学したものの、イラストレーション、そして日本の図案や浮世絵、欧米から流れ込んでくる現代アートの情報、それら三本立ての興味の方向が、自分の絵のベースとなっていった。

美大を卒業後、オーストリアのウィーンの応用美術大学へ留学した。グスタフ・クリムトが教え、エゴン・シーレが学んだ学校で、彼らの下絵なども数多く収蔵していた。その作品を見るたび、日本美術の影響力の強さを感じてうれしくなった。

しかし、あまりに巨匠の作品がウィーンに多すぎるせいか、過去の大御所の絵だけで十分ではないか、そんな気分になった。自分が作品を作って、入り込む隙などあるんだろうか。街並みだって美術品だし。と怠け心を胸に、毎日のようにカフェに入り浸った。

それこそウィーンのストリートごとといってもいいくらい、カフェを見つける度に入った。頼むのはいつもクライネ・エスプレッソ（小さいエスプレッソ）。値段が安かった。

デメルをはじめとするパティスリーにも、よく通って写真を撮ったり、スケッチをした。これはのちに焼き菓子屋をオープンする際のデザインソースとしてかなり役立っている。

やがて卒業を迎え、日本に帰国した。イラストレーターとして仕事をスタートさせようと思っていた。

イラストレーターになる

もちろん、一本の仕事もあるわけではない。仕事がないままイラストレーターの名刺を作り、出版社に売り込みをはじめた。

カラーコピーは今より高かったが、ウィーンで制作した銅版画をコピーして、ファイルを作った。自分に相性がよさそうな雑誌をかたっぱしから買い込み、電話をかけてアポイントメントを取り、担当の編集者の方に見てもらうのだ。

しかし売り込みは、一日二か所がせいぜいだった。午前に一か所、午後に一か所。

イラストレーションが特に多く使われていた女性誌を中心に廻っていた。星座占いや、連載小説、エッセイ、華やかなイラストレーションが誌面を飾っていた。その中で異色の女性誌があった。「マリ・クレール」というフランスの代表格ともいえる雑誌の日本版である。

女性誌というより、私の目にはビジュアルを強化した文芸誌のように映っていた。

ファッションを語るといっても、哲学を語っているという具合だったし、芸術特集やパリ特集も、美術雑誌顔負けの執筆陣だった。

売り込みをかける雑誌としては、敷居が高すぎると感じてはいたものの、思いきって電話してみると、女性の編集者が作品を見てくれることとなった。

銅版画のファイルを見てもらったのだが、

「なんとなく、絵が暗いですね」

と、しょっぱなから言われてしまった。こうなると、返す言葉が出てこない。

その時、チリチリ&モジャモジャヘアに、ぶっといふちのサングラスをかけた中年男性が現れ、版画をのぞきこんだ。

「へえ、版画やってんの」

「そうです。銅版画なんです」

そのチリチリヘアとサングラスの男性こそ、「スーパーエディター」こと安原顯《あきら》さんである。私は、安原さんのことは全然知らなかった。マリクレの安原とも呼ばれ、出版界で超有名人であることは、あとで知った。

美大の油絵科を卒業し、ウィーンで銅版画を作っていたことを、ひとしきり話した。

「ちょっとダークな雰囲気だけど、いいよ、気に入った。この三枚売ってくんない？」

「三枚なら、五万円でいいですか」

「いや、君がギャラリーからもらう分くらいにしてよ」

ギャラリーを通して作品を販売すると、だいたい売り値の半分を作り手が受け取ることになる。そんなやりとりの後、二万五千円で安原さんが版画を買ってくれたのだった。

「君も、山本容子さんみたいになりなさいよ」

と、安原さんは軽く私の肩をたたいた。イラストを頼むことがあれば、連絡するからとも言ってくれたのだった。

こんなふうにイラストレーターの仕事を始めたのは、一九八九年からだ。ウィーン留学から帰国後、千葉県柏市の一軒家を借り、絵画教室とイラストレーターの二本立てで生計を立てた。一九九一年からバブル経済がはじけ、銀行や投資会社の倒産のニュースが、毎日テレビや雑誌をにぎわわせることになるが、私の印象では、その後も出版界はまだまだ元気のように映った。

携帯電話はまだ普及しておらず、ポケベル全盛の時代、電話はテレホンカード。新宿駅西口電話の前には行列ができていたころなのだ。

深夜番組では、女子大生がトークを繰り広げる番組が人気だった。だが流行とは「流れて行く」と書くごとく、女子大生ブームからあっという間に、女子高生ブームに移り変わっていった。ルーズソックスに丸文字、暗号を思わせるポケベルの使い方に注目が集まった。

ガングロ、やまんばなど、日本オリジナルの現代版かぶき者も登場し始めていた。

携帯電話は少しずつ姿を現してはいたものの、肩掛けカバンに入った巨大なシロモノで、高級そうな喫茶店でそのカバンを横に置いて、取引先と話をしている不動産屋風のオヤジをときおり見かけた。オヤジさんの前にはダルそうに髪をかきあげるワンレンボディコンの女性（すでに翻訳が必要なくらい死語だけど）がいた。

CMで印象に残っているものは、「シバヅケ食べたい」と、「二十四時間戦えますか」、それに眠気覚ましの「ミンミンダーハー（眠眠打破）」のドリンク。時流に興味はない、と公言してはいたものの、いま思えばテレビを観まくっていたのだ。我ながらあきれる。

イラストレーションの仕事は、順調といえば順調に運び、大きい山もなく小さい谷もなく続いた。女性誌の連載小説や星座占い、文芸誌と呼ばれる書き下ろし小説やエッセイ中心の雑誌にイラストを描いた。ときおりミステリー、エッセイ、小説の単行本のカバー画などの依頼も舞い込んだ。

当時は銅版画家の山本容子さんが大ブームで、あらゆる雑誌、本の装画、ポスターに彼女の絵が躍っていた。書店に入っても雑誌を開いても、山本容子さんの絵を見ない日はないほどだった。デパートや銀座のギャラリーでの個展は、いつも完売。ファンの女性たちが押し寄せていた。

山本容子さんの版画のイラストレーションがブレイクするきっかけは、吉本ばななさんの『TUGUMI』（一九八九年）という小説の装画だったと思う。やわらかな線のタッチ、中間色を生かしたガッシュの色彩、それらが紙の本と幸福な融合を織りなしていた。見る人もやわらかい幸福感を受け取っていたのではないだろうか。

私のイラストレーションの仕事も、やはり銅版画という技法で描いたものである。

東京の美術大学を卒業し、ウィーンの美術大学に留学してから銅版画を始めていた。エッチングという腐蝕銅版画である。ニスを塗った銅板の上にニードル（鉄筆）で、まず線を描く。線画の部分が完成したら、腐蝕液に銅板をつけて、線画を銅板に定着させる。

その線にインクをつめて、プレス機を通すと紙に線画が印刷されるというしくみだ。何とも、手間のかかる技法にはちがいない。

銅版画は、ヨーロッパでキリスト教の歴史や教義をわかりやすく、文字の読めない人たちにも理解できるよう絵にする必要から、大量に印刷されていた。当時としては最先端でカッティングエッジな技術、同じ絵を様々な場所と地域で見ることができるのだ。ラジオやテレビが登場した時のような驚きを人々に与えたことだろう。

そんなヨーロッパ発祥の銅版画の、古色蒼然たる味わいをあえてイラストレーションの世界に持ち込めば、カッコよく目立つのではと考えていた。

その意図が功を奏したかどうかはわからないものの、家の外に働きに出なくてもすむ収入は、得られるようになっていった。

私のイラストレーションのジャンルはというと、エディトリアル（編集）ということになる。アドバタイジング（広告）ではなく、雑誌や本の装丁、新聞、子ども向けの絵本などが主な仕事となっていった。

絵本とはちがって、雑誌のイラストレーションは自由度が高く、小説やエッセイの内容と著しくかけはなれたモチーフでなければ、自分の想像通りイメージをふくらませて描くことができる。

チェット・ベイカーやビル・エヴァンスなど、突然大音響になりそうなフリージャズを避けたBGMを選んで、銅板に線を描くのは実に楽しい時間だった。コーヒーを何杯も飲むので、酸味系の豆だと胃が痛くなり、フレンチローストのような苦み系に変えていった。

コーヒーのお供は、ピエール マルコリーニのチョコレートにしたいところだが、幸いに（?）値段が高い。深夜にまでおよぶ制作にチョコレートをほおばっていたら虫歯だらけになる。

好みのチョコレートの値段が高くてよかった。

「エスクァイア」誌のクリスマス特集にイラストが掲載された時のことだ。

「よう、やってるじゃん」

一度聞いたら忘れられない、低音（?）の声、安原さんからの電話だった。

「ドゥ マゴ通信」という小冊子に、挿絵を描かないかとの話だった。

渋谷Bunkamuraのなかに、ドゥ マゴ パリというカフェがあった。そのカフェがドゥ マゴ文学賞を主催して「ドゥ マゴ通信」を刊行していた。文学賞にゆかりのある作家たちが、毎号エッセイを寄稿していた。ドゥ マゴは編集者の打ち合わせ場所としてもよく利用されていたため、私のイラストレーションの宣伝にはうってつけだった。

そのおかげもあって、雑誌や文芸誌の挿絵がふえていった。

今そこにある危機

雑誌中心のイラストレーションの仕事は、楽しくはあったものの、将来への一抹の不安を自覚し始めていた。子ども向けの絵の仕事をいただくのだが、苦手意識が頭をもたげてきてしまうのだ。

つまりは絵本となれば、主人公がいて家族がいて、動物やペットがいてストーリーが始まる。

あたりまえといえば、至極あたりまえなのだが、家族の喜びがあり悲しみがあり人生のいろいろな問題がある。当然、主人公や家族の喜びの表情、悲しみや笑顔、それらをイラストレーターは描き分けねばならない。

ところが、泣いたり笑ったりの表情を描くのが、子どもであれ、おじいちゃんおばあちゃんであれうまくできないのだ。いや、正確に表現すれば、なんとか描けはする。が、なにかこう画面のなかでおさまりがわるい。

もっとはっきり言ってしまえば、描いていて楽しくないのだ。

うーん、これっていまだからこんな発言ができてしまうのだが、イラストレーターにそもそも向いていないんじゃないか、ということである。

私の絵は、抽象画ではない。子どものころからずっと具体的なモチーフを描いてきた。注文があれば、さまざまな素材、モチーフが描けてしまうのだ。いわゆる「画家」の延長として、イラストレーターになっていたのだった。

決定的とも言えるウイークポイントを自覚しながらも、子ども向けの雑誌や連載小説や、エッセイのイラストレーションをこなしていた。

二〇〇〇年末。かつて観たハリソン・フォード主演のハリウッド映画のタイトルが頭に浮かんできた。

一九九四年に封切られた『今そこにある危機』である。

私のイラストレーションが掲載されている雑誌の休刊が、決まったのだった。

2

二つの挑戦
ヘルパー二級の
油絵画家

新世紀の大きな変化

二〇〇一年になり、時代はついに二十一世紀になった。ミレニアムのコンピューター問題も、何事もなかったかのように、新しい世紀がはじまっていた。その直前の二〇〇〇年十二月、私がもっとも好きな雑誌が休刊することになってしまった。月刊誌の「太陽」である。

「別冊太陽」なら書店にたくさん並んでるよ。とおっしゃる方も多いだろう。「別冊太陽」はムック本といって、本と雑誌の合わさった形態なのだ。

「別冊太陽」は例えば、我がルーツ山口の詩人、金子みすゞさんの特集があった。一冊丸々、詩や生原稿や彼女の暮らした町の写真、批評文の数々が掲載されていた。そして、つづきもののエッセイや連載小説はない。イラストレーションが入り込むすき間がないのである。

月刊誌の「太陽」は今でもバックナンバーを一番多く保存している。澁澤龍彦特集、稲垣足穂特集、荒俣宏特集、いまでも再読しているくらいだ。

もっとも好きな雑誌のうえに、二年間イラストレーションの連載もしていたため、痛手は大きい。イラストレーター生活十二年目にして、『今そこにある危機』の主人公である。

しかし、ハリソン・フォードではないので、派手なアクションでこの危機を追い払うことはできない。

自分のまわりのイラストレーターの友人たちは、さほど危機意識を抱いている風ではなかった。自分以外のイラストレーターは、あくまでイラストレーターのスタイルをもっている。私のような画家寄りのイラストレーターは、デザイン寄りのイラストレーターやマンガ寄りのイラストレーターより分が悪い……なんてことを、窓際族の被害者意識まる出しで考えたりした。

その頃、どのジャンルの雑誌が、ということは分析できなかったが、休刊がふえつつあるのは事実だった。暇な時間がふえた。では、ぼんやりできるかというと、そんな性格ではさらさらない。ふたたび油絵具と格闘する毎日が、始まった。

ふたたび、油絵

もっとも影響を受けたのが、バルテュスと金子國義《くによし》氏の作品だった。イラストレーションでは、ヨーロッパ的なモチーフを描くことが多かったので、カフェや室内にたたずむ女性を描いた。

油絵の最初の個展は、小田急線の経堂にあった「ギャラリー・イヴ」だった。応接間を思わせるギャラリーで、オリーブの葉がデザインされた額縁に入った油絵は、空間にしっくりとおさまっていた。

「なんとなく画家気分、つぶやき画家宣言」。つぶやきシロー氏と、八〇年代にデザイナーから画家への転身宣言をした横尾忠則氏のひそみに倣って、心の中で密かにそんな旗印を立てた。と言っても勇ましい話ではない。

「画家になりました」と大きな声で言ってしまうと挿絵の仕事がなくなる。なんと消極的な宣言であろうか。

ひとり、「画家なんだぜ、これからは」とつぶやくしかなかった。


「ギャラリー・イヴ」は、オーナーのYさんの意向もあり二つ折りの美麗なDMを作っていた。

作品には、必ず推薦文が載せられていた。

一回目の個展タイトルは「クライネ・エスプレッソ」（小さいエスプレッソ）。

推薦文は、もちろん安原顯さんに頼んだ。安原さんは、「不思議な静謐《せいひつ》感」と題する一文を寄せてくださった。

二回目は作家の久世《くぜ》光彦《てるひこ》さん、三回目の個展の時は、フランス文学者の中条《ちゅうじょう》省平《しょうへい》さんに書いていただいた。おふたりとも安原さんにご紹介いただいている。

とにかく、安原さんには、お世話になりっぱなしだった。

残念ながら安原さんは、二〇〇三年に亡くなられてしまったが、安原さんがM

Cを務めていたCS衛星ラジオのジャズ番組「ヤスケンのギンギン・ニューディスク」のカセットテープをいまも持っている。あの低音の美声（「ほめすぎだろ」と安原さんに言われそうだが）がなつかしくなった時に聴いている。

イラストレーションの仕事は、それでも続いてはいたが、二年間エッセイにイラストを描いていた「月刊プレイボーイ」が二〇〇八年に休刊となってしまった。「プレイボーイ」という雑誌名を聞くと、エロス満載の誌面作りを思い浮かべる人もいると思うが、ピカソ、チェ・ゲバラ、映画やロックの特集から政治、スポーツまで、中身は読み応えのある硬派な雑誌だった。

やはり、パソコンや携帯の普及で、あらゆるジャンルを総合的かつ俯瞰《ふかん》で見たり知ったりしたいという欲求が、人々の気持ちの中から消えていったのだと思う。

本書の冒頭に書いた不安が、この頃確かな形を取って顕現していた。

私の名刺は、画家・版画家に変わった。まちがっても、つぶやきの文字はない。

多いときは、年に六回個展をしていた。北は北海道から南は高知、北九州まで。時代の流れを見ながら、ちょっとした地方廻りの劇団員の気分を味わっていた。

しかし、遠くにある危機、ないしは遠くにあってほしいもうひとつの危機が「今そこにある危機」に変化しつつあった。

島根県の浜田市に暮らす両親から、頻繁に電話がかかってくるようになったのだ。

全国で個展を開く日々

東京以外のいわゆる地方都市で、油絵と銅版画の個展をすることが多くなっていった。作品を売らなくてはならない。初日にお客さんなんて来るんだろうか。胃が痛くなるようなプレッシャーと戦いつつ、車窓から移り変わる風景を眺めていると、何か本当の現実からは逃避できているような錯覚におそわれた。

北は札幌、南は高知、北九州まで足を運んだ。どこへ行っても郊外型の飲食チェーン店やホームセンター、ドラッグストア、車関係のショップ。やっぱり日本全国、均質化したんだなあ、と思っているところで目的地の駅に到着する。

私が個展をするギャラリーの多くは、だいたい町の中心か旧市街の風情を感じさせる場所にあった。

郊外のショップや、ベッドタウンの光景は均質化してみえても、ギャラリーのオーナーは、それなりの個性派が多い。そこに集う人々も、この町の個性を私が担ってますというタイプからいぶし銀の押し出しの方、じわじわとしみだす発言の方まで、俗に言う「濃い人」が多かった。

地方都市のギャラリーを巡業するような形で個展を開くようになったのが四十代後半になってからだったせいか、若い人たちより同世代、五十代、六十代の方に話しかけられることが多かった。

若いお客さんは、作品そのものを見るより、やたら携帯で写真を撮る人が多いような感じ。データ重視（?）、夕方のオープニングパーティーが終わると帰ってしまう。根掘り葉掘り作品の説明をもとめるタイプは意外と少数である。

二次会の飲み屋に来る面々を、なんとなく眺めていったん腹式呼吸、いつもそんな心持ちで二次会にのぞんだ。

最初のビールがテーブルにならんだ頃は、皆さんかしこまった感じで正統派な美術の話からスタートする。自分のコレクションのポリシー、話題の展覧会、海外のオークション情報、日本の現代アートの先細りを憂える話。

なんとなく、美術雑誌の目次をざっとなぞったような話題だ。

高知のギャラリーだったろうか。そこは郊外型の広い空間があるところで、市内の飲み屋に繰り出すことなく、山小屋風のギャラリーの一角で二次会が開かれた。

高知の郷土料理、「皿鉢《さわち》料理」というのだろうか、モリモリの刺身と地酒が出され、あまりお酒が得意ではない私としては、ご飯がほしいところ。うー、刺身で腹が冷える。

あぐらをかいての二次会突入なので、さすがにお堅い美術談義を始めるひとはいない。いきなり、五十代ロマンスグレーの男性がこう言った。

「高知人はね、みんな気が短いんよ。だからね、わしも離婚しとるし、あいつも離婚しとる。でもねえ、こと親の介護となると一致団結して事にあたるんよ」

「それは違うなあ。たんにお前が、よりを戻しとるだけのことだろう」

と、ロマンスグレー氏の友人の声。

そこから怒濤の介護話に突入してしまった。えー、私の絵の話題はないのか、ほめごろしでもいい。若干のさみしさが募る。

ギャラリーのオーナーも、それなりの年齢を重ねている方なので、お客さんも、友人も五十代以上が多い。いったん堰《せき》を切ったら話が長い。

特別養護老人ホームの待機期間の話、認知症のランク判定の話、母親がデイケアに通い出した、父親が大腿骨を骨折した。危機レベル3というところか。

かかりつけ医の対応への不満などなど、介護に関する知識ゼロの上興味も全くわかず、聞き流してしまった。皆さん、ある程度せまった危機と戦っているんだなあ、とぼんやり思っていただけだ。

岡山では三回個展を開いた。いつも二日ほどギャラリーに顔を出すと、伯備線《はくび》という山並みが列車の両側近くにせまるローカル線で、両親が暮らす島根県の浜田市にむかった。

三度目の岡山の個展の帰りだったろうか。実家について一息、みなできびだんごを食べようとした時のことだ。

父が、「どこに手すりはつけたらいいんかのー」と訊いてきた。なにせ我が家は、昭和三十年代前半の一見、日本家屋風の作りなのだ。キラキラ光る人工雲母を入れた壁だらけで板部分が少ない。

母に体調のことを尋ねると、とにかく起き上がるのが辛いという。壁に手すりがあるとトイレに行くのも、玄関に行くのも楽になるというのだった。

そろそろせまってきた危機、そんな感覚を覚えた。危機のレベルは考えないでおこう。逃げるように東京に帰った。

親の介護という大問題

高知のギャラリーで偶然聞いた、介護にまつわる諸問題。あの時は全く興味がわかず聞き流してしまったのだが、いまは自分の親に介護問題が起こりつつある。

介護に関する情報も知識も、私はほとんど持ち合わせていない。

さて、どうするか。

そうだ、介護士になろう。

「そうだ 京都、行こう。」という観光CMではないが、そう決めてしまった。その経緯を説明したい。


イラストレーションの仕事は、ほそぼそと続いていたが安定的ではないため、カルチャーセンターで水彩画講師をやり、区民センターでは油絵を教えていた。教室の生徒さんは、どちらも比較的高齢の女性が多かったため、日々のお悩み相談、嫁との諍《いさか》い、親戚との折り合い、毎回愚痴の聞き役に徹していた。

これらの話を聞きなれていたことは、のちの介護に役立つことになる。

実家にちょこちょこ帰るうち、町内の民生委員さんが訪ねてきてくれて、母は介護認定を受けた方がいいという。

介護保険の仕組みも知らず、知識らしい知識もなかったが、とりあえず両親の説得を始めた。

父に「要支援」と言ったとたん、「要支援とはなにごとだ。わしらはひと様の施しを受けんでもやっていける」と、取りつく島がない。

「いやあ、おとーさん、こっちも長年税金払ってんだから、もらうものはもらって、手すり、つけようよ」

母は母で、父に遠慮したのか、「私は意外と動けるんよ、手すりはまだ先でええよ」と言い出す始末。

まいってしまった。

父は「皇室アルバム」というテレビ番組が大好きで、ある種の天皇主義者のくせに、赤紙一枚で出征し、青春の時間を失ったことに怒っていた。政府のことを大本営といい、なにかにつけ諸々の制度に疑問が湧くらしかった。父のねじれ精神も、わからなくはなかったし、母は人前では元気であるようにふるまいたいのだ。

しかし先々のことを考えると、一手先に進むしかない。なんとか両親を説得し、母はみごとに（?）要支援一と認定された。ケアマネージャーという方に初めて会い、今後の方向について話を聞いた。それにしても、介護に関する自分の知識のなさ。まず、「チイキホーカツシエンセンター」って、いったいどこの外国の地名なんだ。

「デイケア」「特養」「小規模多機能ホーム」。いくら話を聞いても、「はあ、おまかせします」の言葉しかでてこない。

東京に帰るとすぐ、ハローワークに通いつめ、介護職に就ける可能性を探った。地方都市回りの個展は取りやめ、住まいも長年住みなれた中央線から、埼玉県の三郷《みさと》市に移り住み、家賃は五万円ほど安くなった。

大切にながめていた洋書画集は、泣く泣く友人のネット古書店に売り払ってしまった。アンティーク家具だけは部屋の中で一番場所をとるにもかかわらず、売れなかった。

荻窪で買ったイギリス製の小ぶりなキャビネット、国立で見つけたフランス製の、細身の脚が優雅な台所テーブル、松坂屋の刻印がある、氷で冷やす木製冷蔵庫。

それらは無理やり引っ越し先のマンションに持ち込んだ。

友人たちに、「売るんならまずアンティーク家具だろ」と笑われてしまった。しかし、これらアンティーク家具や、古いコーヒーミルが、のちに起業するにあたって大活躍することになる。

あせって売らなくてよかったあ。みなさん、断捨離も考えもんですよ。

グループホームで働く

ある日ハローワークで、無資格で働きながら学校に通い、介護資格が取得できるというグループホームを見つけた。さっそくそこを紹介してもらい、書きなれない履歴書をもって面接の運びとなった。

女性のいかにも頼りがいがあり、ソフトな口調が印象的な施設長さんと、面接がはじまった。「特技、絵と空手初段」と履歴書に書いておいたせいか、「体力があるんなら頼もしいなあ。絵とか水彩なんかも入居者さんに教えてくれる?」

十分な手ごたえで、無事採用が決まった。

グループホーム、名前だけは聞いたことがある人は多いと思う。ホームというだけあって、料理や洗濯物干し、日常の生活はできる範囲で入居者の方に手伝ってもらう。入居者の方は少人数なので、家庭的な施設といえるだろう。

私がいたグループホームは、一階が九名の入居者の個室、二階も同じく九名が暮らしていた。

グループホームに限らず、どこの施設もそうだと思うが、女性の入居者のほうが圧倒的に男性より多い。そして女性のほうが行動がアクティブで話好き、まあ、これは自分の印象だけど。

仕事は、朝番、日勤、遅番、夜勤となっている。勤務初日は、いきなりトイレ掃除からはじまった。この洗礼がショックで、次の日から来なくなった中年男性がいたとか。確かに私は昨日まで、カルチャーセンターで水彩画を教えていて、先生などと呼ばれていたので、妙な気分だった。

しかし、毎回トイレ掃除をさせられるわけでもない。すぐに慣れてしまった。

朝番が終わった後、学校へ行き二時間、一時間の授業が終わった後、遅番で勤務、そんな形で、勤務と資格取得のための日々を過ごすこととなった。

学校では、やはり介護のさわりしか学べない。なるべく実践的になるよう工夫はされているものの、人形を使うか、生徒同士で代わるがわる入居者さんの役回りをすることになる。

その点、勤務先のグループホームで仕事が始まると、毎日が実践である。

「着患《ちゃっかん》」「脱健《だっけん》」という介護の専門用語があるのだが、実際の現場に立ってみて身に染みて理解できた。

着患というのは、患部、つまり状態が悪いほうの手足から、衣服を着てもらうということ。脱健は、健康な部分、動かしやすい手足から、服を脱いでもらうということなのだ。朝の忙しい時など、ついそれを忘れて着替えをしてもらうと、とんでもなく時間がかかりまくってしまった。

テキパキと仕事をこなしていく、一見アネゴ風（全員がそうではありません、念のため）の先輩介護士。トイレ介助、車イスの扱い方、寝たきりの方への洗髪の仕方、困った質問への言葉の返し方……長年の経験から編みだされた名人芸のように私の目には映った。

しかし介護士の技術レベルは、その場にいて見ている同僚介護士にしかわからない。もう少し介護士の技量レベルをうまく評価できる仕組みがあれば、介護士のモチベーションアップにつながるのでは、とウルトラ初心者介護士は考えたりしていた。

さすがに低技量レベルの介護士である私にも、介護保険の仕組みや、様々な形態の施設の差も、理解できるようになっていった。認知症に関しても知識というより、グループホームの入居者さんに接しているうちに、体感的に理解度が深まっていったように思う。

これは私だけの認知症への印象と、つたない理解度がそう思わせるのかもしれないが、人間は芸術家として自由に生まれ、芸術家として自由に次の世界に、旅立って行くのかもしれない、との思いが強まっていった。

徘徊《はいかい》や問題行動という言葉さえ、行きたいところへ行きたい時間に動いているだけ、昔住んでいた家に帰りたいだけ、そんな風に感じていた。

はた目には認知症が軽く、おとなしい人が実は認知症の度合いが深いのでは、と感じたり、介護士泣かせ、問題行動連発の方が、ふっと、「わたし、どうしたのかしら」と言って一瞬、脳の神経回路がつながって認知症になる以前に戻ったように見えたり。

本当にこればかりは教科書や本で得た知識と違うのだが、認知症とは、個人の究極の個性が認知症という形で表現され、社会の軛《くびき》から解放された人生の終盤で、芸術として結実する。実はそんな病ではないか、と感じてしまう。

考えすぎだろうといわれることはわかっている。たった一年間の勤務と母の介護といった程度で介護も認知症も理解できるはずがない。しかしそれでも自分はいま、人間の壮大なドラマを見ているに違いない。そういう思考で介護の仕事にあたることで、ひとりひとりの人生に対応できると思っていたのかもしれない。

ホームヘルパー二級（当時）の資格は三か月でとれ、晴れて介護士スタートと相成った。介護の仕事自体には慣れていったが、この人そろそろトイレタイムかな、それを見分ける勘がなかなか働かない。

入居者の方と一緒に作る料理に、ささやかな楽しみを見出していた。日勤の介護士は昼食を作り、遅番の介護士は夕食を担当することになっている。

包丁を入居者の方に扱ってもらうのは、それなりに神経を遣うのだが、なにせ元々ベテラン主婦の皆さんばかり。あなた、意外と不器用なのねえ、と不揃いのみじん切りを笑われてしまったり、調理師免許をもっている方もいて、料理を教えてもらったりしていた。

私は『フライパン1本でできる　お手軽フレンチ』、『はらぺこレシピ』という本を愛読していた。短時間で作れてしまうというのが売りの二冊。私自身、フォンドボーが好きだったので、その二冊から、豚肉のビエノワーズ・アーモンド風味とか、かじきのミニッツステーキ・ツナソースなどを作った。

入居者の皆さん、もちろん明治生まれの日本人の味覚ではないので、意外と洋食好き、料理の評判は上々だった。

少し和風なものとして、牛肉とキノコのすき煮や、定番の豚肉の生姜焼き、たらの香味ソースかけと、ワンパターンにならないよう和と洋を交互に作っていた。「体力があるのねえ」と最初の面接で言われていたことを、日々痛感しはじめていた。

朝食の時間ともなると、何人かにベッドから車いすに移動してもらわなければならない。小柄な女性なら体重も軽いし楽勝だな、などと考えていたのが大間違い。すぐに腰痛になってしまった。筋肉を使って力まかせ、がいかにNGであるかがわかった。

『古武術介護入門』という本を買い入れ、熟読。スムースな体重移動の方法、この原理を応用した人の体の動かし方、それらを学んで、なんとか腰痛脱出。

夜勤での大失敗

勤務半年を過ぎたあたりから、夜勤がはじまった。

夜は八時くらいから、翌朝の七時までのけっこうな長時間、その上ひとりで九人のユニットを担当しなくてはならない。

宵やみというものが、いかに人間の不穏な感情をかきたてるものかということが、理解できた。昼間あんなにニコニコしているおばあちゃんが、いきなり頑固で不機嫌な老人に豹変してしまうのだ。もちろん、個人差は大きく、「暗いほうが落ち着くわあ、じゃお休みなさあーい」という人もいる。

不安で落ち着きがなくなる人のそばで、私はいつも一緒に歌をうたうことにしていた。そんな時ほど、自分がおじいちゃん、おばあちゃん子だったことを感謝したことはない。古い戦前の歌を、かなりの数、丸暗記していた。

「一は一番、一の宮、二は日光の東照宮、三また佐倉の惣五郎……」

そんな歌を、気分が落ち込んだ入居者の方と歌いまくるのだ。すると音楽は偉大なり。歌い疲れて、九時前にはすんなりお休みになったりするのだった。

しかし一つ、痛恨の大失敗をしてしまった。

夜勤は朝まで一人きりの勤務なので、大声を出されたり、いつまでも動き回られたり、はては、派手にシーツや布団をよごされたりすると、こちらがへとへとに疲れてしまうのだ。

認知症の特徴の一つに、さっき食べたおやつは忘れているのに、五十年前の学校の記憶は鮮明という点がある。前者を短期記憶、後者を長期記憶といったりする。

そういうことをふまえ、深夜、宿直室のような介護士が常駐する部屋で、入居者さん一人ひとりの個人史を記したファイルを読み込んだ。個人の歴史を知ったうえで、対応を変える必要があると考え、その人が住んでいた地域、習慣、その人のついていた職業、趣味などをおぼえていった。

夜中には、一緒に歌うわけにはいかない。そこで、昔国語の先生だった方には、「今日は漢字教えてください、先生」といってベッドの横で生徒になりきったりしていた。

ある時は、蒸気機関車の運転士の後輩になりきる。これは専門用語で苦戦したけれど、とにかく自分という人間を、介護士でなく家族のひとりとして受け入れてくれればなあと考えていた。そんな風にふるまっていたことが功を奏したのか、なんとなく手ごたえもあり、わたしの夜勤はぐっと楽になっていった。

ところがある日、朝番、日勤の人に苦情をいわれてしまった。

「あなたが夜勤で帰った後、＊＊さん、息子はどこ行った、ってたいへんなのよ」

あちゃ〜、やってしまった。親しくすればいいってもんではないのだ。介護士全員が息子、娘、生徒さんになれるわけもない。

自分の夜勤の時だけ、うまく切り抜けようというエゴが、完全に裏目に出てしまった。平謝りに謝って、施設長さんに事情を話して、日勤に替えてもらった。

実家の母の体調も思わしくなかった。一年勤めたあと、いろいろな思いを胸に、グループホームをあとにした。

3

移住を決めるまでに考えたこと

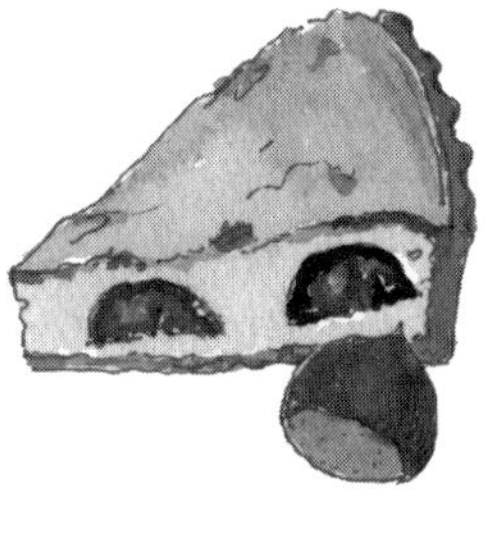

美しい山口の風景

東京以外の地方に住んでもいいかなあ、と考えたのはやけに早い、美大生二年くらいのときである。

島根の実家に帰るため、まず朝一番の新幹線に乗る。その頃の新幹線にはビュッフェがあって、必ずカレーライスをたのんだ。タダの福神漬けを大量にカレーにのせる（本当は洋食屋風のステーキが食べたかったけれど、値段が高くて手が出なかった）。

窓側の座席で、山陽の明るい日差しを浴びながらコーヒーを飲む、そして小《お》郡《ごおり》駅（現在の新山口駅）で下車、オレンジ色二両編成のかわいい電車に、ごとごと揺られて山口駅へ着く。

急ぎ足で山口県立美術館へ、展覧会を見に行く。そのあと、近くの一の坂川沿いを急ぎ足で散歩して、駅に向かうのがいつものコース。

この一の坂川の風情がなんともいい。春は桜が咲き、五月はホタル、秋は紅葉が美しい。雰囲気は鎌倉に似てるかなあ。

十九、二十でここに住んでもいいな、と思った私はやけに早熟なUターン、Jターン、地方移住希望者ではないか。

山口生まれの父から、ひい爺さんが島根から山口へ移り住んだことを聞かされていた。山口線が開通する前で、徒歩で山口まで来たとのこと。一二〇キロ歩いてまで住みたい場所、まるでパブロフの犬のように、そのイメージが自分の頭に刷り込まれていたのかもしれない。

一の坂川から見える歴史の町、萩《はぎ》市に向かう山々を眺めながら、将来のことに想いをはせたりしていた。

しかし、出版社は東京に集中しているし、漠然とあこがれていたイラストレーターの仕事は、山口ではまずできそうもない。ならば絵画教室は。うーん、これもそれだけで生計を立てるというリアリティがない。
ただ、この山口ならいい絵が描けそうだなあ、それだけだった。

そこからガーンと時代は飛んで、いまは二〇二四年、山口在住十四年目となった。美術大学の学生時代から、四十六年が経過している。

山口市に住み始めたのは二〇一一年の十一月からで、夫婦ふたりは白いソックスの黒猫ミロをつれて、築一四〇年の古民家に到着した。

古民家は、京都の町家と並んで、好印象を人々に与えていると思う。移住という言葉とセットになってイメージされるかもしれない。

外観の好感度とは逆に、十二月ともなると古民家の部屋の中は強烈に寒い。ホットカーペットとエアコンでは足りず、実家から持ってきた青い釉薬《ゆうやく》のかかった火鉢で暖をとるため練炭まで買ってきた。

わが愛猫ミロも火鉢の横の座布団の上で、ひげをチリチリと丸く焦がしながら、いねむりをしている。すきま風だらけで、室内が暖まらないのだ。

畳の下には床板が敷いてあるだけで、その下は土の地面。断熱材などを入れて密閉してしまうのは、家屋全体に湿気がたまり、よくないらしい。日本家屋って夏の暑さと、湿気といかにうまくつきあうか、それをメインに作られていることを実感させられた。

とにもかくにも、落ち着き先にはたどり着いた。そんな安堵感とともに、この家をみつけるまでの、不思議な道のりを思い出していた。

移住を具体的に考え始める

二〇〇九、一〇年に、母の様子を見に実家に帰ることが多くなった。関東から島根県は遠い。旅費を節約するため、東京駅から出発する夜行バスを利用すると十三時間はかかる。

うちの奥さんの勤めているベーカリーも、ちょうどその時期、店舗縮小ムードになっていたため、彼女もいつか自分の店を持ちたい、との思いが強くなっていた。

店を構えるにせよ、東京都内は家賃も保証金も高くて手が出ない。ふたりで住んでいる埼玉県三郷市やその周辺、いや北関東全体を視野に入れて物件探しをしたとて、自分たちが出せる金額で、理想の広さの店はもてそうにない。

その上住居の家賃がプラスされることを考えれば、かなりな資金力がなければ起業は至難の業である。

漠然とではあるが、「住近接ないしは職住一体、「もちろん関東以外、実家に近い中国地方の中都市あたり」という条件で、家探ししようということになった。

パソコンでまず不動産屋のサイトや、自治体の空き家情報をかたっぱしから検索した。空き家物件、ものすごい数が出てくる。それも外観写真、築年数、間取りの詳細まで。豪農や網元だったらしい大豪邸など、バリエーションもすごい。目移りがしすぎて困るので、古民家に的をしぼった。

三郷市に住んでいたころ、近くに江戸東京たてもの園というテーマパークが都立小金井公園のなかにあった。失われゆく東京の建築物をかなりの数移築した、映画のロケにも頻繁に使われる場所である。

何度か訪れているうち、戦前の洋館、旅館、文具店、乾物屋、農家などがただよわせる現代にはない落ち着きと温かみのある雰囲気に、私たち夫婦はすっかり魅せられてしまっていた。

そして将来、お菓子の店をオープンするなら古民家で、最初の商いをスタートさせたいと思っていた。


ネット検索で山口県萩市の郊外、千坪くらいの土地を見つけた。敷地内に古民家二軒、蔵一棟、期待感上昇。

こんな時グーグルアースの威力はすごい。所番地を打ち込むと、俯瞰のアジアから日本列島の写真、中国地方の山々がグングン迫ってくる。中国地方から山口県の萩市郊外へ、まるで宇宙船から目的の着陸地点へ急降下していく感覚だ。深い緑の木々の中に古民家、瓦葺きの蔵も見える。しかし、思ったより山の中だなあ。冬は雪か。

そして、生活、環境、地べた目線を知りたければ、グーグルストリートビューの出番である。

目的地の古民家めがけ、カクカクと目線を揺さぶられながら、ん、これは林道、山道、そして、最低四か月は雪におおわれるであろう、まわりの山々。家のたたずまいは日本昔ばなし、最高の雰囲気なのに。ここで実店舗のお菓子屋を開いて、どんなお客さんがくるのか。令和狸合戦。枯れ葉のお札を持った狸の行列……いかん、いかん、いつもの空想癖。

画像ばかり見て期待感だけは募るものの、断念、残念の連続である。

まあ、現地行かなきゃだめだよねえ。

情報だけは手軽に得られる時代、しかし隔靴掻痒《かっかそうよう》、アラジンの魔法のランプのように、「あなたの望みをかなえましょう」とパソコンは言ってはくれないのだ。

そのうち空想と妄想だけが羽ばたいて、本の町松本と聞けば信州の空き家物件を見る。京都町家、たくさんあるけど高いなあ、こりゃ改装費いくらかかるんだ、と思案をめぐらせたり。

起業のための家探しが、ひとときの日本古民家めぐりに変貌していた。なんかBSの番組にそんなのあったなあ。母の体調の様子を見に実家に帰るたび、日帰りで石見《いわみ》銀山、津和野、山口などを見てまわったのだが、どこか観光気分が抜けず、店舗物件を探すという本来の目的を詰めきれない。

そんな時、自分の意識を根底からくつがえす出来事が起きた。

東日本大震災である。

住んでいた三郷市のマンションの部屋はめちゃくちゃになった。今そこにある危機どころか、今が危機。描きかけの油絵はすべて倒れ、テーブルの角に当たり大きなへこみができていた。棚の食器類もほとんどが割れ、ガラスを踏まないように掃除をした。

不思議なことに、大正時代の結霜《けっそう》ガラスを使ったアンティークの食器棚は地震の揺れと方向がちがったのか無傷だった。戦前日本の職人が作ったもので、かれらの職人魂がこの棚を守ったような気がした。

実家の父からは、毎日電話がかかってきた。震災のことにはいっさいふれず、ただ母を散歩に連れ出してほしいという。母の要介護度も上がりそうとのこと。父の口調は落ち着いていたが、昭和十八年、赤紙が届いて以来の不安を感じていたのではないだろうか。

部屋のかたづけもそこそこに、ふたりと猫一匹で実家へ向かった。毎日、忙しいときでも描いていた油絵も、たびたび起こる余震をからだに感じるたび、描く気分が失せていった。つくづく絵なんて平和を感じてこそ描けるものなんだということを実感していた。

実家に着くと、余震をからだに感じることはなくなったのでよく眠れた。島根がいかに関東から離れているかがわかる。

移住、起業、家探し。なんだか突然、背筋に活が入って、夫婦そろって覚醒していた。

移住先をどこにするか

移住希望地、第一候補は、やはりなんといっても山口市だ。

父の話だと明治二十年代、曾祖父の牛尾政吉が、山口の宮野村（現山口市）に陶器の窯を開いたということだった。山口線開通前だから、歩いて山口に向かったという。この歩いて、というのが、私の子ども心に刺さりまくってしまった。

「起業するなら、人口一〇〇万人くらいはないとなあ」と考えたこともあった。しかし、山口市は県庁所在地で、人口は二十万人。大内氏、毛利氏の歴史の色濃く残るまち、西の京都、西京という呼び名も魅力的だった。


レンタカーを借りて妻の運転で約二時間の旅、途中、道の駅で休憩。山陰の海は、子どもの頃に目にしていたのと同じ、おだやかな表情を見せている。赤茶色の石見瓦の屋根と、澄んだ深い緑と青の海。

山陰の小京都、津和野あたりから山並みが迫ってくる。そこからリンゴで有名な徳佐を経て、山口市内に入る。

国道九号線から市内に入り、昭和四十年代のなつかしさを感じさせる、市民会館の駐車場に車を停め、一の坂川近くのまちづくりセンターに向かった。

いきなり町の不動産屋に「古民家ありませんか」と飛び込み訪問するより、町の活性化をめざして活動しているところにこちらの疑問をぶつけたほうが、より良い情報に出合えると考えたためだ。

まちづくりセンターは戦前の洋館を改修した、小ぶりな二階建てのシンプルかつ瀟洒《しょうしゃ》な建物だ。

私たちふたりが訪ねたときは、ちょうど建築士の方々が集まって、市内の古い住宅の資料を検討中だった。願ったり叶ったりだ。

その有志の中に、のちに家の改装をお願いすることになる小山さんがいた。建築士の皆さんの話だと、商店街の中には店舗用の物件はたくさんあるけれど、市内で町家・古民家で起業となると、そもそも物件が少ない。

「その上、商売に適した古民家となると、探しだすのはかなり苦労すると思いますよ」とのことだった。

市内からはずれた、中、山間部のほうが古民家の物件は圧倒的に多いらしい。

考えてみれば、人口二十万の中都市の山口より、人口減少に悩んでいる山間部に空き家が多いのに決まっている。

三郷市のマンションでのグーグル検索でたどり着いた古民家も、ほとんどが緑深い山の中だった。

当然ながら、山口市内での古民家探しは難航した。家が決まらない限り、三郷市のマンションを引き払うわけにはいかない。

山口市内の数軒の不動産屋さんに、「いい物件が出たらお願いします」と頼んで三郷市のマンションに帰ったとたん、連絡がきて夜行バスでまた山口ということもあった。ぐったり。

山口市内、それも風光明媚な一の坂川沿いにこだわってみたものの、いっかなこれという家は見つからない。

ある日ネット内で、津和野にりっぱな古民家を発見した。間取り、敷地図面を見ればまずまずの広さで、家賃も安い。家を管理している町役場に、さっそく電話した。

なんとなく、困ったような女性職員の方の声。

「あのー、かまどもお風呂もむかしのままなんです。部分的にですが雨戸も障子も」

まいった。風呂とキッチンを全部現代のものにして、その上、障子部分をガラス戸にすると考えたとたん、アニメやマンガのように頭の中を一万円札が舞っていた。

津和野町の物件がすべてそうだったわけではない。すぐに住める家もたくさんあったのだが、気持ちを山口県内に戻していたというわけである。

幕末、そして維新の町・萩市も視野に入れはじめていた。さすがに観光に特化している町だけあって、空き家バンクは市役所が管理していて、とにかく物件数が多かった。

「二軒ほど見たい家があるんです」と市役所に電話をすると、市の職員の方が一軒ずつ家を案内していただけるとのこと。ありがたいなあ。

朝、萩市の駅前でSさんと待ち合わせる。Sさんの話だと武家屋敷や町家は、空き家のままでの維持管理は大変なのだという。歴史の町として、古い景観をそのまま存続させるためにも、移住希望者を大歓迎するのが町の方針ということだった。

一軒、海に近い伝建地区に、かなり気に入った町家があった。長く連なる連子《れんじ》格子《ごうし》が、ちょっと京都の町家みたいな感じ。

家の裏には松と井戸のある庭が広がる。意外に奥行きが深く、思ったよりかなり敷地が広い。この広い町家を維持するために、補助金もついていた。しかし毎年庭師さんを入れ、店舗の改装費を考えた結果、ここに住むことは断念した。「この家の半分のサイズならなあ」などと虫のいいことを思っても始まらない。萩市の美しい海を見ながら、山口に引き返さざるをえなかった。

理想の物件との運命の出会い

気持ちも新たに、また振り出しにもどった。山口市内には、ひと一人しか通れないような細い路地が多い。古い煉瓦塀が残り、古民家というほどではないが、古い建物があり、私が好きな戦前から昭和三十年代の風情が感じられた。路地裏考っていう学問があったっけ。

自分の子ども時代を思い出しながら、少しノスタルジックな気分。そんな場合か、「今そこにある危機」じゃなかったのか。別の声がこだまする。

一の坂川沿いを瑠璃光寺《るりこうじ》にむかって歩いていく。このあたりは喫茶店も見あたらない。春日橋という小さい橋を渡り、県立山口博物館に行くため片岡小路という小道に入ったときだ。

小さな上土門《あげつちもん》を構え、竹垣と板塀に囲まれた平家を見つけた。

雑草の伸び具合からすると、空き家かな。思い切って庭をのぞきこみ、家の裏に回ってみる。杉苔の庭には、松と椿の木、裏庭には小さなくぐり戸、水琴窟《すいきんくつ》と苔むした灯籠がひとつ。なんかいい感じである。

門のところに、空き家、賃貸物件の小さな看板があった。「いい家があったらお願いします」と頼んでおいたM不動産の文字。

不思議な予感というのか、手ごたえというのか、住んでもいないのに店のイメージまでわいてくる。

さっそく問い合わせたM不動産のスタッフの方の話だと、新築の家を建てる方たちのための、一時的仮住まいとして貸している物件とのこと。しかし光の入るマンションと違い、冬は寒く、ここ半年以上入居者がいないとのことだった。

さっそく、家の中を見せてもらう。なんと築一六〇年、嘉永年間の日本家屋。浦賀にペリーが来航し、日本中大騒ぎしていたころ作られた建物だ。

障子部分は、きちんとサッシが入っていることを確認して、妻もまず安心。小さな戸棚にすすきの絵が、一六〇年前の作品に驚きをおぼえる。

裏庭には水琴窟がある。石造りで上部の桶のような部分に水を入れると、その水が下部の空洞にあたって「キン」「コン」といった金属的な音がする。さすがに、水が落ちる管の場所が詰まっていて、音色は聞けなかった。

江戸時代と思われる苔むした灯籠も、申し分ないアンティークすぎる風情をかもしだしている。家の床面積は一〇〇平米とすこし。

速攻で、案内のスタッフの方に、「今日からこの家、借ります」とふたり声を揃えて言い切ってしまった。

「山口に住むよ」と父に一言電話。三郷市のマンションにあわただしく舞い戻り、夫婦ふたりでダンボール箱と格闘する怒濤の日々が始まった。

アドレナリンなのか、エンドルフィンなのか。目的が定まったときのエネルギーにふたりで、妙に感心しながら箱は積みあがっていく。

五十三歳の私は、ダンボール箱の間で猫と爆睡していた。

4

移住先で、起業する

自宅兼店舗という選択

移住希望第一候補の山口市に、ついに家がみつかった。

それも長年憧れた、一の坂川沿いの古民家。歴史好きな私のためにあるような築一三〇年の物件。水琴窟、灯籠、杉苔の庭を備え、ブロック塀ではなく竹垣と板塀にかこまれた平屋なのである。

埼玉県三郷市のマンションより家の床面積が広いので、ダンボール箱の谷間に愛猫ミロと寝ることはなかった。しかし十二月になると、とたんに底冷えがおそってきた。盆地ならではの寒さ、近所の人に聞くと、「夏は夏で暑いよー」とのこと。

山口は中世、大内氏の時代に京都を模してつくられた町、やはり気候条件もほぼ京都らしい。

寒い朝、家の近所をふたりで散策して回る。

この家の前は片岡小路といって、江戸時代の古地図に名前が見える。中世から存在する道らしいので、ポニーをすこし大きくしたくらいの馬に乗った、戦国武将を思い浮かべる。

山口は十四世紀、大内氏が京都から陰陽師を呼んで、四神相応《しじんそうおう》の地、青竜・白虎・朱雀・玄武に守られている縁起の良い土地として、都になったとのことである。

十二月の冷たい空気を吸い込みながら、「うちは方角的にいうと玄武（カメの神様?）に守られてるのかなあ」と思いながら妻とふたりで八坂神社に向かう。虹が出ている。なんとなくいい感じだ。玄武さんも応援してくれている、そんな気がしてくる。

さらに近所の観光・歴史スポットを散歩がてら回ることにした。

国宝・五重塔で名高い瑠璃光寺、お隣の洞春寺《とうしゅんじ》、龍福寺、維新の志士が集まった十朋亭《じっぽうてい》。

しばし観光気分で、山口の歴史に想いをはせる。

そんな悠長《ゆうちょう》なことでいいのか。あこがれの移住第一希望の地、山口市一の坂川沿いの家に引っ越せたことで、ふぬけた気分ではないのか。

いやいまは十二月、師走でジタバタしても始まらない。ぼんやりと「紅白歌合戦」「ゆく年くる年」を観て二〇一二年を迎えた。

新年、うっすらと考えていたことに結論を出すことになった。この築一三〇年の家を、住居としてのみ使い、店は別の場所に借りるのか、それともここを店舗として改装するのか。

私たちふたりは、この家のたたずまい、雰囲気、ロケーションに最高に満足していた。しかし元々この家は、商業用店舗ではなく、一般家庭用の賃貸物件である。

あーでもない、こーでもない、と考えをめぐらせたあげく、県外にお住まいになっている大家さんに、長文の手紙を出そうということになった。

引っ越したばかりではありますが、嘉永年間に建てられたこの家に、ふたりとも最高にしびれております。

家の外観の雰囲気を生かして、入口玄関部分を改装させてはいただけないでしょうか。ご検討宜しくお願い致します。

ざっくりというとこんな内容に、私の手描きの店内と厨房の絵、焼き菓子をアンティークの伊万里焼に盛り付けた写真も添えた。

「私たちふたりのこの家にたいする愛着と熱意、そして焼き菓子屋をオープンするには、この家をおいてほかにないのです」

いま思い起こすと、恥ずかしくなるこんな手紙を出したのである。

大家さんからは数日を待たずしてご返事をいただいた。

古いこの家のたたずまいが好きで、手を加えずに保存に努めてきました。現代の住宅とくらべると、住みにくいと思うけれども、こんなにこの家に満足してくれているおふたりに、住んでもらえていることを大変喜んでいます。

いただいたお店のイメージ図、きっとすてきなお菓子やさんになると、楽しみにしています。

そうお手紙は結んであった。そして美術好きで、ある美術館のボランティアガイドをなさっていることも書かれていた。こういう出会いをシンクロニシティというのだろうか。

いくら雰囲気が良いからといって、古民家を維持するのは、なまなかな情熱では続かないと思う。

本当にこの時はうれしく、ふたりで大家さんの手紙に感謝した。

さっそく、まちづくりセンターで出会った小山さんに連絡した。この家のほかに店舗を借りることになっても、小山さんには改装をお願いしたいと頼んでいたので、話は早い。

慌ただしい二〇一二年がはじまっていた。雪のちらつく寒い日に、カメラを片手に小山さんがわが家に訪ねてこられた。

フムフムと、門、玄関まで続く鉄平石《てっぺいせき》の踏み石、玄関の中の土間まで、隅々のディテールを写真におさめていく。

ひとしきり、家の外観、庭と濡れ縁の観察が終わった後は、三人と一匹で、妻が作った試作のクッキーをつまみながら、しばしお茶タイム。

「この平屋の外観をいかして改装すれば、かなりいい店になりますよ。注目を集めますよ、きっと」と小山さん。

この家から歩いて十分くらいの所に、菜香亭《さいこうてい》という、明治十年創業、平成八年まで営業していた料亭がある。山口市の明治から昭和の歴史を、つめこんだような日本建築である。

小山さんは、その菜香亭の改装、移築に全面的にたずさわった人だけに、古建築のスペシャリストである。小山さんの言葉に大船に乗ったような安心感を覚えた。

とりあえず、門を入ってすぐの玄関と、物置と物入れ部分、そのとなりの和室三畳を焼き菓子ショップと厨房として改装することが、大まかな方針として決まった。

起業の準備。店名とロゴを決める

大船に乗った気分はいいとして、夫婦ふたり、やることは山積みである。猫の手も貸してくれない黒猫ミロは、ひたすら毛づくろい。

店の名前は決まっている。

「やをぜ」

やをぜ、という名前はドイツ語と日本語をミックスしたものだ。

私が美大卒業後住んだウィーンでは、三時のおやつのことを、yauze、ヤウゼ、と言っていた。そして、やを、は日本語の八百、八百よろずのやを、となればなんとも縁起のいい言葉。ヤウゼと八百を合体させ、ひらがなの「やをぜ」にしたわけである。

店名「焼き菓子やをぜ」ローマ字表記はyaoze。

現在では焼き菓子という言葉は、すっかり一般的になり耳になじんでいるけれど、十数年前、焼き菓子は生菓子の補助的なものというポジションだったように感じていた。

そこをあえて「焼き菓子」と店名の前に押し出すことで、お客さんにインパクトを与えようと思ったわけである。

店のロゴの「やをぜ」の三文字、ひらがな部分は、母の女学校時代、戦前の国語の教科書の文字をつかった。どうも私は戦前から昭和三十年代の文字をふくめたデザインに気持ちが反応してしまう。

そしてメインとサブの二種類の「やをぜ」のロゴデザインを考えていた。

ひとつは家の庭にある梅をデザインした図に、縦書きで「焼き菓子やをぜ」の文字を真ん中に配した、どちらかといえば和風なデザイン。

もうひとつは、横書きでＹＡＯＺＥとローマ字を入れた洋風なイメージのデザイン。

二種類の店のイメージデザインは、焼き菓子を入れる大小の箱、数種類ある紙袋に使い分けようと考えていた。

焼き菓子を入れる箱も紙袋も、全面四色カラー印刷で用意するとなると、かなりのコストがかかる。お金の問題はさておくとしても、極力シンプルで見る人に印象に残る店のイメージとデザインにしたい。

そこで二つのゴム版を注文して作ってもらった。

縦書き・和風のデザインの「やをぜ」のゴム版は紙袋に押し、「ＹＡＯＺＥ」と横書きの版は、箱と手提げ袋に使うこととした。このゴム版二つは、私も妻もかなり気に入っている。

紙袋や箱はいろいろな種類を取り寄せて、ゴム版を押してみる。つるつるにコーティングされた紙質だと、うまくゴム版のインクがのらない。

むしろ、ザラリとしたワラ半紙に近い紙質のほうが、こげ茶色のインクがのりやすい。

すこしカスレが出るが、それが何となく、小学生の時作ったリノカット版画の素朴なおもむきが出て、満足感をおぼえる。

補助金を申し込む

小山さんも、次々と改装図面を持ち込んできてくれる。

それと同時に、「『匠のまち創造支援事業補助制度』という制度が山口市にあります。こちらを申請してみたらいかがですか」とアドバイスをくださった。大内文化特定地域の地場産業の振興と交流人口の増加を促進するという目的で、同地域内で新たに事業活動を行う事業者に補助金が出る制度だ。

申請条件として、「山口市、大内文化特定地域内の活性化に役立てる事業者、歴史の薫《かお》る街並み景観を活かした建物であること」となっている。

「やをぜ、バッチリ当てはまるじゃないですか」

と小山さん。

とにかく、店をオープンする当日までは、物入りの連続である。起業希望者のために、こういう制度を用意してくれていることにありがたさが募る。半面、プレッシャーと責任感をヒシヒシと感じる。

小山さんに試作のクッキーを食べてもらいながら、打ち合わせを何回も重ね、店の改装図面は増えていった。そして、補助金の申請書類とともに、改装前平面図と改装後平面図を、山口市に提出することとなった。

小山さんが、改装図面にプラスして、出店コンセプトを書いてくださった。


「やをぜ出店コンセプト」

山口に縁はあったものの、特に一の坂川沿いの環境を気に入り、都会から移り住まい始めた夫妻による、新たなチャレンジ。

焼き菓子厨房、販売ショップを新設。

築一三〇年の民家の素朴さを活かした、周辺に優しい展開をめざす。地域の特徴でもある、四季の変化をイメージした商品作りで、山口らしさを伝える。

こんな文章を図面とともに小山さんからいただいて、ますますふたりで張りきった心持ちになった。

あらためて図面を見直すと、広い家だなあと実感する。玄関、和室三畳、六畳の和室が四つ、キッチン七畳、押し入れ四つに物入れが二つ、家の前と後ろに濡れ縁。

関東での生活を思い起こすと、スペースへの不満は一気に解消した。

店舗の細部を詰めていく

しかし、外観の古民家の雰囲気を損なうことなく、かつ中は使いやすい厨房に、お客さんの入りやすい焼き菓子売り場、これらを両立させるのに、小山さんにはかなりの苦労をしていただいている。

改装図面を作りなおすたびに持って来ていただき、いつものクッキーとコーヒーで検討会。

光が入りにくい古民家のイメージを払拭《ふっしょく》するために、入口の門にガラスを入れ、店入口の引き戸も、大きいガラス戸にする。

お菓子厨房からお客さんが見えるように、売り場との仕切りは横長のガラス張りとした。

二畳のお菓子売り場に、二畳の厨房。

一畳の空間はレジを置き、お菓子を包装する場所とした。その横の三畳は板間にして、焼き菓子のストックを置く場所だ。

お菓子売り場は、お客さんが三人も入れば、いっぱいになる狭さなのだが、図面の段階で小さいながらも、不思議で非日常な空気感が味わえる焼き菓子屋が誕生しそうな予感がした。

小山さんとのお茶会&打ち合わせは、いったい何回おこなっただろうか。

焼き菓子をのせるテーブルとして、東京・荻窪で買ったイギリス製のキャビネットを小山さんに見せて、これをメインイメージに店作りをしてくださいと、今思い返せば無理なお願いをしていた。

「注文の多い料理店」という宮沢賢治の小説を思い出す。注文の多い難儀な移住起業者だ。注文の多い移住者の要望に、小山さんには実に根気よくおつきあいいただき、秋に、焼き菓子やをぜの改装図面は完成した。

ここからの実際の施工・改装は、小山さんが懇意にしている金子材木店にお願いすることになった。

「釣りが趣味なんよ」という白髪の大工さんがふたりで、手際よく内部を解体していく。

屋根部分はそのままなので、夫婦ふたり、解体方法の説明を受けるがさっぱりのみこめない。それでも、柱を残しながらの改装は繊細な作業に思えた。

家の門の横には、

「来年一月中旬　焼き菓子やをぜ　オープン予定」

と書いた貼り紙を出しておいた。

「一の坂川をこんなに上がったところに、お菓子屋？」という観光客や近隣の人たちが、垣根越しに庭をのぞきこんだりしている。静かな住宅地のなかに、それも古民家にお菓子屋。「焼き菓子って何？」って感じだろうか。

改装はどんどん進み、建具屋さんのTさんに、店入口の濡れ縁につながる板戸を格子の引き戸にかえてもらう。これで、濡れ縁と杉苔の庭が、少しお客さんから見える。

三畳の板間にお菓子のストックを置くことにしたのは正解だったのだが、となりの六畳間との仕切りは、ふすま四枚。これがお菓子売り場に立って見ると、なんとも狭く息苦しくかんじてしまう。

そこでまた、建具屋のTさんの出番。格子の引き戸を四枚作ってもらい、障子紙の代わりに半透明の樹脂でできた障子紙を入れてもらった。お菓子売り場に右側六畳間から、白熱灯のあたたかみのある光がさし、狭さは感じられなくなった。

この格子のアイデアは私の提案だったので、自画自賛。

今も「この格子、いいね」と撫でたりしているので、妻に引かれている。たしかに、ちょっとこわいか。

改装も秋が深まってくると、店の完成に向け、カメラの焦点が合ってくるかのように、細部ができてゆく。

明かり採りのための古い磨りガラス、透明ガラスが厨房に入ると、あの薄暗かった以前の玄関が、ふたりとも思い出せなくなった。

レジ前の小窓には、京都の染物屋さんにたのんだ小さなのれんを掛けた。黄土色の生地に、横書きのローマ字でYAOZEと、紙袋に押すハンコと同じ文字を白抜きで入れたものである。こののれんをガラスの内側に飾る。

店入口の門の横に厚みのある板塀を増設し、長方形の不透明ガラスを二面に配し、白熱灯の灯りにYAOZEの文字が浮かび上がるようにした。

これなら、通りから店を見過ごされてしまうことは、なさそうだ。

二〇一二年も暮れになって、お気に入りのキャビネットをお菓子売り場正面に配置。

売り場の左側には、アンティークのミシンの脚部を使ったテーブル、その上にアンティークの小さなガラスショウケース。天井近くの飾り棚に、コーヒーミルとブリキのヤカンを飾ってみる。

キャビネットの上には数個の焼き菓子しか置いていなかったが、ふたりと一匹は満足だった。

二〇一三年一月十二日、焼き菓子やをぜはオープンした。

「焼き菓子やをぜ」店内

5

事業を拡大する

二号店の立ち上げ

開店と、母のこと

二〇一三年一月十二日、「焼き菓子やをぜ」は、めでたくオープンした。

事前に開店のうわさが口コミで広がったのか、オープン初日、店は大混雑した。なにせ店内に三人、門から鉄平石の石畳部分に四人、垣根の外に三人も並べば、狭さも手伝って大繁盛店に見えてしまう。

その行列を見て、またお客さんが並ぶ。

うれしい悲鳴ではあったが、店内の焼き菓子は三時間ほどで完売、クローズの看板を出さざるをえなかった。

ふたりで、オープン初日の緊張からしばし解放され、コーヒータイム。

店の狭さが功を奏して、小人数の来客でも繁盛していると思われる、それは喜ばしいこととして、焼き菓子売り場も、お菓子製造の厨房も、それぞれ二畳しかない。

家庭用の小さなオーブンでお菓子を焼くため、一回に作れる量は少ない。成形したクッキー生地をオーブンに入れ、焼きあがったお菓子を出す。これを目まぐるしく繰り返さなくてはならない。

なんとなく、先々の問題として、ふたりの脳裏に不安がよぎったものの（ミロも首をかしげているので、共感してくれたのか？）、まずは、開店、めでたし、めでたし。

初日、なんの焼き菓子が売れたのだろうか。

初めて自分たちの作ったお菓子を販売する。商売をするにあたってごく当たり前のことなのだが、とにかくオープン初日のことは、不思議でフワフワした感覚とともに記憶によみがえってくる。

妻に聞くと一番最初に売れたのは、キャラメル生姜パウンドケーキ、ナッツのガレット、フロランタン、だったそうだ。

小柄でかわいい感じの中年女性に、その三つのお菓子をやをぜのロゴを押した紙袋に入れて手渡した瞬間、妻も言い知れぬ感覚に体が包まれたそうだ。

自分たちが始めた商いの小さくささやかな満足感と醍醐味を、噛み締めていたという感じだろうか。

やをぜの焼き菓子は、お客様に受け入れられ、そして徐々に常連のお客様が増えていった。

それは本当にうれしいことだった。

二種類のロゴのハンコを押す私の手にも、心なしか力が入った。

小さい家庭用オーブンで作れる焼き菓子の数は限りがあるので、土曜日などは早い時間帯にお菓子が売れてしまい、売り場のキャビネットの上がなんとなくさみしいビジュアルになってしまう。

それに、せっかくお客様がいらしても、焼菓子の種類も数も少ない。「お菓子はいつ来たらそろってるの？」という質問をたびたびいただくようになってしまった。

一の坂沿いの静かな一画に店を構える「焼き菓子やをぜ」後河原店

かくいう私も京都のアンティーク屋さんで、ポストカードに写っているお皿を見て、「このタイプのお皿、いつ入荷するんですか」と尋ねたことがある。数の少ないもの、今ないものが欲しくなる。それがお客様心理というものかもしれない。

ただ、では焼き菓子がたっぷりお皿に盛られていれば飛ぶように売れていくかと思いきや、そうとは限らない。

商品というものは本当に、お客さんのその時々の渇望感、飢餓感にピタリとフィットしたものが売れていくんだなあと、日々社会勉強させていただいている。

店も夕方近くなって焼き菓子が少なくなると、少し派手な模様の入った厚めの陶器にお菓子を移し替え、華やかさを演出するのが私の腕の見せどころだ。

夏場は涼しそうに見えるガラスの器に焼き菓子を盛りつける。そうすれば「焼き」という文字の与える印象が、少しでも和らぐのではないかと考えたりしていた。

飾り棚の上のアンティーク雑貨も、四季にあわせて変えていた。もうこうなってしまうとお客さん目線というより、いかに私好みのモチーフをいい構図に組み合わせるかに熱中していた。

時々、お客さんがモチーフの飾り方が変わったことに気づいて、感想を語ってくれたのがうれしかった。

現在は週二回、お菓子とモチーフをインスタグラムにアップしているので、二店舗の調度の組み合わせを変えることにまで手がまわらなくなってしまった。

今思い返せば、小さい店内でお客さんが滞在する短い時間を、飽きがこないよう、ひと時お菓子とともに幸せになってほしい、そんなことをふたりで考えていた時だった。

少し残念だったのは、やをぜのオープンを見に行くと言っていた母が亡くなったことだ。父は開店の少し前に店を見に来ていたので、写真で店内や山口の様子を母に見せていたのがせめてもの救いだった。

埼玉県の三郷市から引っ越し完了後、月に一回は実家のある島根県の浜田市に帰るようになっていた。実家に二泊、三泊、そして一週間と、だんだん私の滞在日数が長くなっていった。

母にとにかく体を動かさなきゃと説得し、連日散歩にさそってみるものの、「雨がいやだ」「今日は暑い」「今日は寒い」と言う母を説き伏せるのに、散歩以上の時間がかかる始末。

そこでデイケアに週二回、行ってもらうこととなった。

同じデイケアに行くと母も飽きるだろうと考え、一つは海の見える所、一つは町の中の所に行ってもらうことにした。

こういう計画を立てるにあたっては、介護士の資格を取っておいて、本当によかった。

母はデイケアと聞くだけで最初は、「お遊戯させられるとこでしょ、いやだよ私」などと拒否反応。しかし行けば行ったで、たちまち友人もでき、話すのが楽しみと言い出したので、ほっと胸をなでおろした。

そう思ったのはつかの間、時間は経過していく。母を見ていると、年齢をかさねていくスピードが、どんどん速くなっていくように感じた。

私がそう感じた理由は、母の要介護度が次第に上がっていくところから来ている。当然それは、母の体調が悪くなっていくことを意味している。

私が一か月実家に滞在、ということも多くなっていった。そして私は、まったく夜勤の介護士になりきった生活になった。日勤、夜勤、両方はできないので、昼はヘルパーさんに来てもらって母の食事などは作ってもらう。

今思い返せば、施設だったのか実家だったのか、奇妙な心持ちがする。まあ、施設や病院に行きたくないという母の気持ちには、少しはよりそえたのかなあ。一応、親孝行したことにしておこう。

開店して初めて気づいた問題

焼き菓子やをぜは、狭いながらも営業は順調だった。

妻がひとりで接客にあたり、焼き菓子の製造は夫婦ふたりでおこなっていたが、私の担当はもっぱらフルーツ等の下ごしらえ。栗の渋皮むき、金柑の種とり、リンゴのうす切りなどだ。

営業日は週三日、水、土、日曜日。それでも焼き菓子の製造が追いつかないため、早めに店をクローズすることもあった。

そんなある日、熱心に店に通ってこられるSさんという女性のお客さんから、やをぜで働きたいという申し出があった。即座にふたりで彼女のありがたい希望を快諾。なんとなく、お菓子屋らしくなってきたのかも、と喜びあった。

以前、妻が昼食のカップラーメンにお湯を注いだ瞬間、お客さんが来られて、現代アートなラーメンに変貌したことがあった。Sさんがスタッフとして店に入ってくれたおかげで、妻も普通に昼食がとれるようになった。愛猫ミロに「手を貸してくれないかなあ」などと、ファンタジーな発言もなくなった。

Sさんは以前、山口市内の洋菓子店で働いていたこともあり、仕事の手際がよく、その上お客さんとのコミュニケーション力が高い。山口育ちで友人・知人も多く、地元力、ジモティーパワーを感じられた。

三人体制となり、仕事の段取りはずいぶんと楽になった。しかし厨房の狭さと、オーブンの小ささだけは如何ともしがたい。せっかく大口の注文をいただいても、受けきれないのだ。

焼き菓子を入れる箱と紙袋は、大小二種類のやをぜのロゴをあしらったハンコを押しただけですませていた。

白いお菓子箱と、明るいブラウンの紙袋にこげ茶色のやをぜのマーク。シンプルで悪くないデザインと思ってはいるものの、店の包装紙につつんで、リボンをかけて贈答用にしたいというお客さんも当然ながらいらっしゃる。

「ただ、狭い厨房でラッピングスペースの確保が難しく、この時点では包装紙なしのボックスのみで対応するしかなかった。

「紙ごみを出さない、環境にやさしいお菓子屋をめざしてます」などとお客さんに苦しい弁解をして乗りきる日々だった。

再び物件探し

そのほかにも、念願の開店から二年を待たずして、「わかっちゃいるけど」の諸問題にぶつかってしまった。

その問題の一つに、山口市の交通事情がある。

私には金沢、京都、松江に知人がいて、それぞれにカフェやショップ、ギャラリーを営んでいる。町の作りは、京都はゴバン目状だし、金沢、松江はお城を中心に、町がどちらかと言えば円形に形作られているように思う。松江は「ぐるっと松江レイクライン」といって観光ポイントを巡るバスが、市内循環バス以外にもあったりする。

その点、山口市は湯田温泉というホテル・旅館が建ち並ぶエリアから、私が暮らす瑠璃光寺、五重塔がある大殿《おおどの》地区を経て、雪舟庭の宮野地区まで東西に細長い町というのが私の印象である。

埼玉県の三郷市から山口市に移住して起業するという目標は最初から決めてい

たにしても、夫婦ふたり頭を悩ませたのは、どんな古民家で店を開けるのか、そのことばかり。山口市の交通事情はまったくといっていいほど、考慮に入れていなかった。

結論から言ってしまうと、山口市は圧倒的車社会なのである。そして県庁所在地ではあるが、観光に特化した町ではない。コミュニティバスという小型バスも一時間に一本のみ。

片岡小路にある焼き菓子やをぜの店のとなりは駐車場で、二台分の駐車場代が家賃に組み込まれていた。しかしあっという間に駐車場が足りなくなり、二台分を追加で借りた。それでもクリスマス、バレンタインの時は、駐車場は大混雑になり、私が交通整理に外に出る始末だった。

ふたたびふたりで、パソコンに向かい検索を始めていた。

何を検索するのか？

二号店にふさわしい物件を探し始めたのである。

天気の良い日、よさそうな家はないかと、チャリンコで町の中を走り回った。

店は妻とSさんに任せて、私は実動部隊というわけである。

いくつかの不動産屋さんにも、「新しい店を作りたいのでお願いします」と声をかけておいたので、埼玉県に住んでいた前回に比べて、家の情報は早く集まってきた。

物件を紹介されるたびに夜行バスで山口に来ていた時とは違い、散歩がてら、気になる家は外観だけでもと見まくっていた。

一軒、ネットで良い日本家屋を見つけた。値段も公表されていて、二八〇〇万円。

自分たちに買える値段ではないけれど、二階建ての日本家屋に興味がわき、ふたりで見るだけ見に行った。

なんとなく料亭や旅館にもできそうな佇まいで、京都あたりにあったら、お抹茶に和菓子のカフェを出したらピッタリだなあと感じた。

庭のモミジが真っ赤で、印象に残る、二〇一五年、秋深し。

開店して、三年が経とうとしていた。

気持ちを切りかえるため、目標を狭めることにした。

焼き菓子やをぜ（一号店、現「後河原店《うしろがわら》」）は一の坂川のすぐそばの立地であるため、「一の坂川の近くで駐車場が広くとれる家」に的を絞って探そうと、妻と話し合った。

不動産屋さんから「こんな家が出ました、見ますか」と声がかかると、物件見学にふたりで出かけることも増えた。

一軒、一の坂川の支流のさらにその横の支流のそばに建つ家が目にとまった。バンガロー風二階建て、洋風な家の作りなので、お菓子屋にはよさそうな建物だ。しかし車は二台しか停められない。

一の坂川の支流の支流の場所なので、細い道が交錯しているところにその物件はある。お客さんに店の場所を伝えきれず、路上に出て車を誘導する自分の姿が脳裏に浮かんでしまった。

うーん、残念ながら他をあたるしかない。

しばし、家探しはブレイクかと、焼き菓子でコーヒータイム。ふたりでぼんやり、ネットの物件情報をながめていた、ある日。ん、一の坂川上流に瑠璃光寺五重塔方面、今の店から歩いて十五分ほどのところに、売り物件の写真があるではないか。

画面に目が釘づけになった。

一の坂川の石垣に沿うように、三角形のデルタ地帯といった土地に、その家はある。

いよいよ二号店を計画する

敷地には三軒の家が建っている。一軒は昭和四十年代の住宅、その後ろに古民家風の家、奥に小さめの平屋があって、敷地面積はなんと三〇〇坪。

当然のように、グーグルアースで大気圏から宇宙船急降下で三軒の家を確認する。

「これ、いいんじゃない?」と妻が言う。私の頭の中には早くも、やをぜ二号店のイメージ図が展開する。早すぎるファンタジー。

駐車場もたっぷり取れるなあ、まった、まった、いそぐなかれ。

その売り家物件の提示先を見ると、「いい家あったらお願いします」と頼んでおいた、B宅建の文字。

広すぎる物件なので、こちらに連絡が来なかったのかなあ、と数日を待たずB宅建を訪ねてみた。

B宅建のスタッフの方は、「え、そんな物件うちで出してましたか」と、意外な返事。

説明を聞いてわかったのは、細長い土地に三軒の古家が建っていて、解体費がかかること、川に沿っている土地なので、家族連れには人気がなく、ここ数年問い合わせもなく、ネットにこの物件の情報を出したことすら忘れていたということだった。

すぐに、プルーストではないが、忘れられた土地を見せてもらうことに。今度は、建築士の小山さんにも同行をお願いして、三人でその家を見せてもらう。

とにかく、三〇〇坪もあるので敷地は広い。三軒の真ん中の古民家風の家は、私の好みの風情だったが、家の土壁に大穴が開いていて、中に入ると動物たちのねぐらと化していた。

小山さんはそれを見るなり、「こっちを取り壊して駐車場かなあ」などとつぶやいている。なんとなく、以心伝心。私たちも言葉にこそ出さなかったが、二号店はここに決めようと思っていた。

なんといっても、もしここで二号店が実現すれば、一の坂川づたいに点と点で二軒の店がつながることになる。

その上、二号店から五分の所に、国宝五重塔の瑠璃光寺があるのだ。

店の前の道路は、竪小路《たてこうじ》という昔からある道に、北へまっすぐ萩往還《はぎおうかん》につながっている。萩往還といえば、坂本龍馬がこの道を通って、山口から萩へ向かった道。歴史好きな私は、それだけで気分が高ぶってしまっていた。

そんな古地図にも載っているような土地にもかかわらず、価格は驚くほど安かった。

川沿いの石垣の上に建つ三軒の古家、細長い土地。たしかに一般の方向けの場所とはいいかねる。前に見た、庭のモミジが色あざやかな日本家屋の半値以下。

二〇一五年十二月、忙しいな、確かに師走。

二〇一六年、年明けから地元金融機関の方たちとの頻繁なミーティングがはじまっていた。一号店の時とは違って、自力で改装資金を調達というわけにはいかないので、金融機関のご助力を仰がなくてはならない。

二号店は一号店とおなじ大殿エリアなので、匠のまち助成金も申請可能である。土地代及び店舗への改装費をあわせた金額の十二％くらいは、匠のまち助成金を充てられそうだ。以前と同じく、匠のまち助成金は二号店開業の半年後に山口市から振込まれるので、資金計画は綿密に立てねばならない。

焼き菓子やをぜをオープンして三年と少し。地元金融機関にお菓子屋としての信用を得るにはあまりに短い営業経験だ。しかし、そこは夫婦ふたり、新店舗への熱意を担当行員の方々に語りまくっていた。

幸い、やをぜは古民家を再生し、狭いながらも人気焼き菓子店として、地元新聞などに好意的に取り上げていただいた。その効果もあり、金融機関の反応は良好だった。

建築士の小山さんも、一の坂川を点と点で結ぶ、ふたつの違った個性をいかしたお菓子屋として、二軒のやをぜは期待できます、と金融機関や山口市の方にプッシュしてくださっていた。

山口市のいろいろな方々にお世話になり、また地元金融機関からの借り入れも決まった。毎月のローンにはドキドキものの心中ではあるが、ここはふたりとも決意を新たに乗りきるしかない。

二〇一六年三月、二号店の予定地を手に入れた。夫婦ふたり、初めての住宅購入である。

ここから再び、金子材木店に登場願うことになった。

建築士の小山さんが語っていた通り、三軒のうちの真ん中の民家を解体撤去することに決めた。その前に三軒の家にはテーブル、ソファ、タンスなどかなりの家財道具が残されている。タヌキや猫の毛だらけのカーペットまである。

相当な量の廃棄物となり、これにかなりの時間を取られてしまった。

土地に古家付き、こんな表示をネット内で見かけるけれど、それは「家財道具一式残ってます、あとは購入した方にお願いしまあす」ということなんだなあとふたりで実感する。

三軒の家の中をスッキリ片付けた後、真ん中の家の解体・撤去が始まった。五、六台の駐車スペースは確保できそうで一安心。なのだが、解体費用は一〇〇万以上かかってしまう。胃薬、どのメーカーにしようかな。

敷地の一番奥に位置する平屋は、2DKに廊下で七十平米くらいはあるので、二号店のためにと購入したアンティーク家具の置き場とした。

この家は大変重宝した。小山さんによる二号店の店舗平面図に合わせて、調度を購入したり、家具をあらかじめ保管したりできたからだ。

一号店では使いきれなかった、フランスの台所テーブルもやっと日の目を見そうだった。関東のマンション暮らしの時、何度処分しようと思ったことか。持ってよかった。

二号店の床面積は、プライベート空間として使っている二階部分も合わせて一五〇平米くらい。そのうち、一階の八畳と続きの七畳を焼き菓子売り場にした。床は板張りで、以前和室だったことが信じられないくらいの変貌ぶり。

小山さんのお母上が愛用されていた和ダンスも金子材木店の大工さんにより改装され、今はレジ台および包材入れとして活躍している。

さらに、四畳のキッチン、二畳の事務室、十畳のお菓子製造厨房も備わる。夢にまで見た広い厨房に、夫婦で感激した。

昭和四十年代の住宅で、ほとんどが和室という印象を、小山さんと金子材木店の大工さんたちは、屋根は和風、壁はブラウンの板張りカナダ風（?）、内部は日本の洋館風の建物に造り変えた。

不思議な風貌の店ができあがりつつあった。

「焼き菓子やをぜ」瑠璃光寺店。手間を惜しまず作られた焼き菓子が並ぶ

店の前には、私が手製の柵を作り、山ぶどうの蔓《つる》を這わせ、柵の中には二本のシュロを植えた。

現在はこの二本のシュロが、南国風のおもむきを与え、店の目印になっている。

二年五か月かかった開店準備

こんな風に文章にしてしまうと、購入した住宅をかなり段取りよく新店舗に変貌させたように思われるかもしれない。

しかし、土地を購入したのは二〇一六年三月、実際に店をオープンしたのは二〇一八年夏。二軒目を開店するのに二年五か月かかっていることになる。

二号店の厨房は早く完成していたので、焼き菓子をここで焼いて、後河原店に運んだりもしていた。

なぜ二年半近くかかったのか。

ふたりで一番悩んだのは、二店舗の営業日である。点と点でふたつの店をつなぐ発想はよかったにせよ、店どうしが近すぎるのだ。

結局、一号店（後河原店）は水曜日のみ、二号店（瑠璃光寺店）は金土日曜日を営業日とすることにした。

それと、想像していた以上に、二号店は広かった。

いまは私の絵の展示ルーム、焼き菓子の包装待ちのお客さんのウェイティングルームとなっている板間八畳。ネットで格安テーブルや椅子を買い込んで、ひたすらサンドペーパーをかけニスを塗り、部屋がさみしく見えないよう工夫した。

この手の仕事は全部、私の担当。いったい何種類のニスを買い込んだことやら。

焼き菓子をのせる皿についても、ふたりで意見が違い、揃えるのに時間がかかった。焼き菓子というお菓子の魅力を、どうやってお客さんにアピールしたらよいか悩んでいたのだ。


焼き菓子というお菓子は、ビジュアルはかなり地味である。色もダークブラウン、明るい茶色、濃いめのクリーム色くらい。

生菓子のような、生クリームのデコレーションもなければ、フルーツを華やかに飾りつけることもない。

そこでいろいろな種類のお皿に焼き菓子を盛ることによって、すこしでも華やかさを演出しようと、ふたりでアイデアを出しあっていた。

私は、どちらかといえば、やわらかみのあるイタリア陶器が好みで、妻はフランスっぽい磁器が好きなのである。一号店と二号店の間を、皿や調度が何回も行き来していた。

二号店で、フランスの台所テーブルと松坂屋の刻印がある木製冷蔵庫もデビューがきまった。

フライヤーや、デパート出店のためのテーブルクロス、名刺などは小山さんの友人のMデザイン事務所にお願いした。

そして、二〇一八年、八月十八日、二店目となる瑠璃光寺店がついにオープンした。

萩に向かう、萩往還沿いの一の坂川にかかる木町橋という小さい橋のたもとに二号店はあるので、ここはお客さんに場所がわかりやすいと思いきや、橋からすこし引っ込んだ場所というだけで、ライトグリーンののれんも、シュロ二本も目印とはならないらしい。

そんな事情もあり、「今日の焼き菓子はこれです」という感じで秋から店のインスタグラムを始めた。

本日のおすすめのお菓子を、アンティーク雑貨とともに撮影。週二回、水曜と土曜にインスタグラムで発信するのだが、これはお客様にも評判がよく、ＳＮＳの力にあらためて驚いた。

二〇一九年十月には、ｇｏｇｏさんというデザイン事務所にお願いして、自分たちの手作り感満載のホームページを刷新、かなり焼き菓子専門店という雰囲気がととのってきた。

コロナがやってきた

二〇一九年の暮れもおしせまったころ、海外から不穏なニュースが飛び込んできた。

しかし私は、香港でＳＡＲＳという感染症が流行したことがあったなあと思い、まあこれは局地的におさまるのではないかと、希望的観測でのりきろうと考えていた。

それからクルーズ船騒動が始まり、そのあとは私も記憶が混乱していて、コロナという名前がいつ決まったかも思い出せない。

マスクも消毒液もなかなか手に入らない。暑い季節になろうが、寒くなろうが、時々、店の窓を全開にして換気につとめた。

週四日しか営業日がないため、緊急事態宣言の時もひっそりと店を開けた。

もちろんインスタグラムはお休み。お客さんは三人だけという日もあった。

店のドアを開けて外を見ると、ワンちゃんを散歩させている人はおろか、人っ子ひとり歩いていない。静まり返った町を見て、映画なのか現実なのかわからない心持ちになっていた。

それでも、県外ナンバーの車が走っているというだけで話題になる時期を過ぎ、次第に町の人たちも自分たちもマスク生活に慣れていった。

来店するお客さんも、自分時間を大切にし、お茶のお供にお菓子を、という気持ちが高まっていったのだろうか。遠くに住む友人知人に会えないので焼き菓子を送りたい、という人も増えていった。

徐々に売れ行きが回復していったので、ふたりで本当に胸をなでおろした。

ひたすら音も風もない嵐が過ぎ去るのを待つという時間は、いまではどんな言葉で表していいのかわからない。

二〇一八年のオープンから五年あまり、まさに山あり谷ありの焼き菓子作り。

今日も、どっこい作ってます。

焼き菓子とケーキ。季節ごとの味も楽しめる

6

さらなる挑戦

岡本太郎現代芸術賞

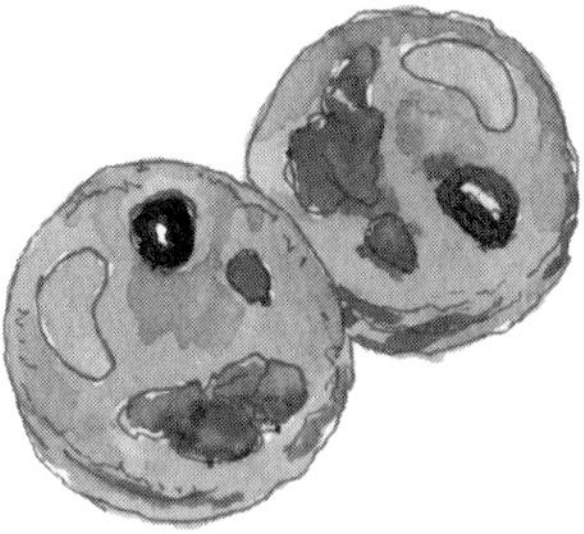

個展を開く

埼玉県の三郷市から、山口市の一の坂川沿いの古民家に引っ越したのが、二〇一一年の十一月。

グループホームに勤めたり、母の体調の悪化に気をもんだり、様々に生活の変化はあったものの、油絵だけは描いていた。

その頃の作品は、「鯖ン魚（サバンナ）」シリーズと名づけていた。サバのシマ、着物のシマ、ゼブラのシマ、この三つを絡ませ、ダジャレにした作品タイトル、「鯖ン魚」だ。

日本の着物のシマ柄は江戸時代、東南アジアから伝わったらしい。その東南アジアにはアフリカからシマ柄が伝わったのではないか？　と私の想像を加えてみた。それにサバのシマ模様を加えた大作の連作。

東京の神楽坂にあった「アーディッシュ」、恵比寿の「リブレリーシス」、八丁堀の「フマコンテンポラリートーキョー」、神戸の「ギャラリーロイユ」の四ギャラリーで「鯖ン魚」シリーズの個展を開催、ふすま一枚くらいはある一〇〇号の油絵が四点売れた。時間はかかったけれど。

リブレリーシスでの「鯖ン魚」展では、著作のほとんどを読んでいる、日本美術史家の山下裕二先生に作品を見ていただけたことは、制作を続けるうえで大きな励みとなった。


リブレリーシスでの二回目の個展では、絵本「ちびくろサンボ」を日本に置き換え、亜熱帯の植物園で子虎にパンケーキを与える、日本髪の女性たちを描いた。個展タイトルは、「森のパンケーキ」。この個展では山下裕二先生とのトークイベント、つまり対談までさせていただいている。

山下先生の援護射撃のおかげで、一〇〇号と数点のパンケーキ作品が売れた。

美術館に個展DMを毎回出してはいるものの、なにせ東京都内だけでゆうに二〇〇を超えるギャラリーがあり、個展が開かれている。美術関係の方々に見ていただくのは、至難の業なんだなあと、個展を開くたびに感じている。

皆さん、アーティストの個展に行ったら、励ましてあげてください。なにがなんでもチアーアップ。

私は「鯖ン魚」のシリーズを描くことで、自分の絵の独自性、オリジナリティーに少しずつではあるが、自信がついたように感じていた。しかし、美術や絵の価値観というものは、あくまで相対的なものなので、短距離走一〇〇メートルで一位になったということとは全く違う。

それに、世界中の描かれた絵、現在描かれている絵を見ることなどできない。だから自信がついたというのは、要するに以前自分が描いていた絵より、確信をもって描けるようになったという、自画自賛に少しコマを進めたという感覚だった。

公募展に出品する

その確信を試すべく、全国公募でもある山口県美術展覧会に出品したのが、二〇一二年。大賞とはならなかったが、次点の優秀賞で、賞金もいただいた。その時は、関西の現代美術作家、ヤノベケンジさんが審査員で、ヤノベさんの推薦で受賞することができた。

山口県美展の一番の特徴は、毎年三名の審査員が入れ替わることだ。そして、二〇一七年、再び私の作品が優秀賞をいただいた。

しかし二〇一二年から二〇一七年の間に、様々な美術コンクールに出品し、ネット内での公募も入れると、十連敗を喫していた。自分の絵は、井の中の蛙なのか。

美大の時に受けた講座を思い出していた。

当時、現代美術評論家として高名な、東野《とうの》芳明先生の「現代美術論」という授業に出席していた。授業の最初の日、東野先生が、「まさか、このクラスで油絵描いてる人はいないでしょうね」と言われたのだ。当時はビデオアートやインスタレーションが現代美術の中心となっていた。

黒船に乗り込んで、これからアメリカ留学したいとの希望をペリーに伝えたとたん、断られた吉田松陰先生の心持ちになった。

ところが、その授業から半年ぐらい後だろうか。東野先生が「先日、『メアリー・ブーン・ギャラリー』のメアリー・ブーンと対談してきました」とおっしゃり、ジュリアン・シュナーベルという新進気鋭のアーティストがギリシャ神話をテーマに描いた絵のスライドを見せられたのである。

画面に皿が貼り付けてあったりするけれど、どう見てもペインティング、絵である。

授業が終わったあと、思わず私は東野先生に駆け寄り、

「ギリシャ神話がいいのなら、出雲神話じゃだめですか?」と尋ねた。

一瞬、「ん?」と東野先生は言葉に詰まり、「まあ、君も流行に流されたまえ」。

コンクールの失敗続きのなか、そんなことを思い出したりした。しかし考えて

みれば、コンクールの出品動機が、絵のサイズが小さくても応募できるネット内公募なので、送料がかからないというネガティブなもの。そんな及び腰の出品、うまくいくわけがない。

二〇一七年、気持ちを新たに、山口県美術展覧会へ「電波探知姫《でんぱたんちき》」という七点の組作品を出品した。

日本髪の耳の横の大きくふくらんだ部分を「たぼ」と言うが、それを戦艦大和の艦橋の横に張り出しているレーダー（電波探知機）に見立てたダジャレである。このレーダーガールは海亀に乗り、玉手箱を持っている。レーダーガールは竜宮城の乙姫様でもある。

二〇一七年の山口県美術展の審査員のおひとり、「ミヅマアートギャラリー」の三潴末雄《みづますえお》さんの推薦により、「電波探知姫」は再び優秀賞をいただくことができた。「ミヅマアートギャラリー」は、会田誠、山口晃、宮永愛子という現在、国内外で活躍する現代アーティストを多くかかえる、現代アートギャラリーである。日本で支配的な欧米的審美眼ではない視点で、芸術家の作品を取り扱っているように感じる。日本の現代アート界にあって、ひときわ異彩を放っているギャラリーだ。

特に宮永愛子さんの、山口県立萩美術館・浦上記念館での展示「そらみみそら　五月雨御殿」には静かに身体に染み入るような刺激をうけた。陶器にかける釉薬は秋吉台の鍾乳洞の水が使われているという。円柱形の透明樹脂に埋め込まれた、ナフタリンで作られた鍵も、時間とともに昇華し、萩の空気と入れ替わるという。

明治時代、山口で堂道窯《どうどうがま》という名前で陶器作りをしていた、曾祖父牛尾政吉のことを思い出したりしていた。

山口県美展で賞をいただいたことは、喜ばしいことにせよ、全国的な美術コンクールに出さねばという気持ちがふつふつと沸いてきた。

日本の現代アート界では、現代アートは若者のすること、多くのギャラリーも若手支援を謳っている。なぜだかスポーツの世界に近いことになっている。

美大の時、絵の講評会で、

「電波探知姫」

6

さらなる挑戦
岡本太郎現代芸術賞

「牛尾君、現代美術は講談社の絵本じゃないんだよ」

と、高齢の油絵科の教授に苦言を呈されたことがある。はなっから私の絵は、現代アートの文脈から外れているのかもしれない。

しかしそもそも、文脈から外れるのが現代アートではないのか。

岡本太郎現代芸術賞へのチャレンジ

還暦前の太平洋ひとりぼっちであっても、小舟で漕ぎ出さなくては、なにも始まらない。

ある日、やをぜ後河原店の近所に住む、山口の昭和史を研究している郷土史研究家の女性のMさんに声をかけられた。

「あなたのおじいさんや、ひいおじいさんの資料が出てきたのよ」

そう言って、研究中の資料のコピーをくださったのだ。現在それらは、「山口市旧宮野村役場文書」として一冊の本の中に収録されている。

資料によると、曾祖父の牛尾政吉は、醬油製造業を営む万代彦七氏の後援を受け、堂道窯という陶器の窯を吉敷郡宮野村（現・山口市宮野）に開いたという。そして明治二十八（一八九五）年、堂道窯の作品が、第四回内国勧業博覧会に出品されたとある。

「内国勧業博覧会といったら、今の万博のことよね」

と話すMさん。

万博というと、ＥＸＰＯ'70、忘れもしない大阪万博。父親に連れられて、万博会場の太陽の塔の前で、家族写真を撮ったっけ。

そして太陽の塔といえば、「芸術は爆発だ」の岡本太郎。川崎市岡本太郎美術館が主催する、岡本太郎現代芸術賞（ＴＡＲＯ賞）のことが、私の頭に浮かんだ。平面作品をエントリーできる最大の規定サイズは縦五メートル横五メートル。全長十五メートルの壁面をコの字形に使い、中の空間は、立体作品も展示できる。個々のアーティストの作品が、十分爆発できる空間が用意されている。

年齢制限もなく、国内で最も自由なコンクールだと私は思っている。岡本太郎氏が好んだことばでいうなら「ベラボー」な作品求む、が岡本太郎現代芸術賞の唯一のテーマといえばよいだろうか。

自分の絵がベラボーなのか、ベラボーに値しないのか、ためしてみたくなった。出品作品の規定サイズに対して、でかいことにビビる気持ちがないわけではなかったが、それより、Mさんから聞かされた、曾祖父の作品が内国勧業博覧会に出品されていたことに、私は不思議なシンクロニシティを感じていた。

私のTARO賞チャレンジ、出品作品は、「大漁鯖ン魚」。以前のサバンナシリーズを、よりダイナミックに進化（描いた本人はそう思う）させた、七点組みの油彩画で挑戦しよう。

二〇二〇年夏に、今回TARO賞に出品する七点の画像写真の他、過去の作品画像、出品作品の制作意図をまとめたファイルを、川崎市岡本太郎美術館に送る。十一月に、入選者が決定する。入選すれば、川崎市岡本太郎美術館に二〇二一年の二月から四月まで、作品が展示される。

入選か落選か、結果を待つのがこれまた、精神的にキツイ。

「大漁鯖ン魚」

6

さらなる挑戦
岡本太郎現代芸術賞

「妄想もいいけど、スペキュロス作ってえ」

妻の檄がとぶ。そうだった、そろそろクリスマス、焼き菓子屋のオヤジは悩んでるひまはないのだ。

岡本太郎賞、結果は入選だった。

応募総数六一六名の中から、二十四名の入選者になんとか残ることができた。

ひい爺様たちや、「うちのじいさんは、島根から山口まで一二〇キロ歩いてきて、窯を開いた」が口ぐせの父の応援があったような気がしてくる。

二〇二一年二月、川崎市岡本太郎美術館にて、第二十四回岡本太郎現代芸術賞のオープニングレセプションが行われた。

ここで、岡本太郎賞、岡本敏子賞、特別賞が発表される。これまた、心臓に悪いなあ、救心でも服用すべきだったか。

大漁鯖ン魚は特別賞をいただいた。

六十二歳、とても嬉しいです。年を重ねると、こういうことはストレートに心に響く。

当時の岡本太郎美術館館長の北條秀衛さんに、こんな審査評をいただいた。

鯖の縞と着物の縞は元々ゼブラからの発生ではないか。そんな思いを芸術でもアートでも絵画でもない、本人言うところの図画で表現している。人間が苦しむと自然が復活する。「憤怒の図画」が7枚に分かれ、鯖を釣る、食べると描かれている。人間をもてあそぶような巨大な鯖が画面の中心を占め、自然の大きさと人間の卑小、今日的課題が写し出されているダイナミックな作品である。ちなみに鯖は網で漁るとすぐに傷みやすい。一本釣りが美味であり、貴重なのである。

ワタクシ、直球で喜んでおります。これ以上、ベタで語彙乏しい感謝の言葉を連ねるのは、恥ずかしいのでやめにします。

山口に帰り、子ども時代から漠然と温めてきたテーマに取り組み始めた。

それは、子どもの頃、実家の床の間に飾ってあった、鯛の上に小さな恵比寿様が乗った置物である。

いまもメルカリとかで、五千円から一万円くらいで売られている。

その置物の鯛のピンとはねている胸ビレと背ビレ、鯛の頭の上で釣り竿をかざす恵比寿様のなんともプリティなお姿に、子ども心にシビレてしまったのだ。

つまり自分にとってのアートとの出会いは、恵比寿様と鯛の置物ということになる。

祖父にさっそく聞いてみた。こんなにカッコイイ物を作る人の名前は？

「これは鋳物じゃからのう。名前のない職工のもんじゃろ」

と祖父のそっけないひと言。

えー、こんなにクールでカッティングエッジな作品を作っても無名なのか。

無名、unknown。

後年、私は美大に入り洋書画集を銀座の「イエナ書店」で買うようになった。ヨーロッパ中世の画集を開くときなど、unknownの文字が目に入ってしかたがなかった。

そんな恵比寿様と鯛に捧げるオマージュとして、第二十六回岡本太郎現代芸術賞に再びチャレンジすることにした。

作品タイトルは「黒と赤」。

黒鯛と赤鯛に、恵比寿様に見立てた着物姿の女性たち、大航海時代の海を背景に、天球図、十七世紀の日本地図、ヨーロッパ、アジアの文化が日本に流れ込むの図。計十二点。

小学生の時、教科書で読んだ『コンチキ号漂流記』。ポリネシア人の民族移動を実証するため、人類学者のヘイエルダールが南米ペルーから南太平洋の島に、いかだでたどり着く実話物語だ。それにいたく感動した私は、ヨーロッパ文明が日本にたどり着いた大航海時代とダブらせ、絵にしてみたかったのである。

第二十六回岡本太郎現代芸術賞、結果は入選。五九五名の応募の中から、二十三名の入選者に私の作品が入った。

嬉しいっす。

二〇二三年、私は六十五歳になった。

岡本太郎現代芸術賞の入選者の作品画像をまとめた小冊子に、作家の言葉という欄がある。私はそこに、「人々がまだ、『愚か』と云う貴い徳をもちあわせた時分のことでございます」という谷崎潤一郎の小説「刺青」の出だしを引いてみた。現代の日本人の集合的無意識に、どれほどの日本の表象が残っているのだろうか。今日もヘイエルダールとジョン万次郎が、私の頭の中で交錯する。

芸術は妄想だ。

「黒と赤」

「黒と赤」

「黒と赤」

7

移住を考える人へ
地方に「根ざす」ために

移住・起業のハードルは下がった

これから日本は、地方の人口が増えるのではないか、と勝手に思っている。

理由は今回のコロナ禍というかコロナ騒動で、自宅で仕事をするリモートワークが全国的に推奨されたことである。

会社の上司や同僚、仕事先、営業先の人に会えない不都合もかなりあったと思うけれど、リモートでも仕事ができるじゃないか、と感じた人は多いはず。

私たち夫婦ふたりと黒猫ミロ一匹は、二〇一一年十一月から山口市に暮らし始めた。

現在は、二軒の店を行ったり来たりする生活である。

山口市にふたりで移住、起業しようと決めた理由は大きく三点あった。

ひとつめは曾祖父が、堂道窯という陶器の窯を明治時代に開いた縁起の良いところであること。

ふたつめは島根県に暮らす、両親の体調の悪化。

みっつめは妻が都内のベーカリーに勤めていて、いつか自分の店を持ちたいという夢があったこと。

私の実家は島根県の浜田市なので、山口からは電車で二時間かかる。Uターンではなく、いわゆるJターンである。地方移住希望者としては、割とオーソドックスな移住パターンに私たちは入ると思う。

中には直感型、旅行体験型で移住先を決める人もいるのではないか。

私は一度も訪れたことがないのに、住んでみたくなった町が二つある。ひとつは本の町・松本。「ブックツーリズム」という雑誌の特集で、ひきつけられた町。

もうひとつは、ある雑誌のカフェ特集で出会った岩手県は盛岡市の、コーヒー豆焙煎専門店と町を流れる中津川の写真。これだけで盛岡市に住んでみたいと思ってしまった。

こういう直感でビビッときた町は、おもいきりよく移り住んでも、居心地がいいのではないだろうか。

老後の心配もない、退職金もたっぷりあるし働く必要はない、という方は直感を信じて興味を感じた町で、とりあえず賃貸物件に住み始めるのもありだろう。

しかしたいていは、都市から地方に移住、さらに起業となると年齢層は四十代、五十代、しっかり生活できる金額を稼ぎたいという希望をもった方が、多数派だと思う。

私のように祖父、曾祖父が暮らした町に移住、または子ども時代、中学、高校まで育った町に帰って起業というパターンは、比較的安心感のあるJターン、Uターン型移住と言える。

しかし首都圏の人口は四〇〇〇万人を超えている。いまや日本人の三人にひとりは首都圏に住んでいることになる。何世代にもわたって東京や関東圏に住み、もう地方や田舎の遠縁の親戚とも疎遠になり縁がない。

縁がない、なくなったからこそ、修学旅行や個人・家族旅行で行った地方都市や、田舎暮らしにあこがれてしまう。

そんな人は、大都市に暮らす男女問わず多いのではないだろうか。もう何がなんでも歌舞伎町が好き、新橋のガード下がなくては生きていられないという人は別として。

大都会でなければ楽しめないし、享受できないことはあるにしても、大都市でなければ絶対実現できない仕事というのは、ここ十数年で劇的に減少している。

たとえば私たち夫婦が埼玉県に住んでいたころ、ネット内でみつけた、山深いところにある空き家物件の数々。

扱う商品にもよるけれど、お客さんと対面して商売することのみに焦点を絞らず、通販やネットで販路を開拓、拡大することは、SNSやネットが発達した現在なら十分可能だと思う。「カフェのランチ、今日は十名様分ご用意してます」、こんな予告がSNSや動画で発信できてしまう。

山口県内でも、「え、ここにカフェ、レストランが？」という意外な場所に忽然とオシャレな建物やリノベーションした古民家カフェがあらわれたりする。

臨時休業のお知らせもＳＮＳで発信できるので、遠方から店を訪ねようと考えているお客さんにも、以前に比べればご迷惑をおかけすることも、かなり少なくなっていると感じる。

しかし、不定休の店やショップですということを、開店当初から表に出すのは考えものかなあ。

駐車場に気をつけろ

駐車場問題は山深いところであろうと、海辺の広々とした場所であろうと付きまとう。一日の来客数を予想し、駐車場を確保したほうがよいと思う。

小・中都市であれば、店の近くに有料パーキングがあったりするけれど、山間部や海辺の小さい町となると、それがないことも珍しくない。

物販イベントを催してＳＮＳで集客するとなれば、かなりの人が店を訪れるかもしれない。それもお客さん全員が車で。あちこちに勝手に車を停められ、新店舗歓迎のムードが次第にご近所トラブルに発展ということにもなりかねない。

そんな事態を避けるためにも、移住・起業希望者の方は建物のことだけでなく、広めの場所の確保が最優先課題と私は考えている。

ただ、土地代がいくら安かったとしても、最初から買うのは勇気がいる。「十年住み続ければ、家と土地ごと住んだ人に差し上げます」という地方自治体もあるので、じっくり調べてほしい。

地方に移住・起業を希望する方は、住みたい町の交通事情は徹底的に下調べしたほうがよいと思う。たとえば観光に特化した町の場合、町のサイズの大小にかかわらず、かなり大きな駐車場が用意されている所が多い。

ショップやカフェ、レストランなど町の中心エリアには、駐車場から街並みや通りを歩きながら、または貸自転車でたどり着くというパターン。

ヨーロッパでは中世都市の歴史がある町も、多くは観光がメインの産業で町の真横に大きな駐車場があったりする。観光メインの町なら駐車場問題では悩まなくてすむかもしれない。

地方は想像以上の車社会

観光特化型の町は、移住・起業するにしても空き家物件さえあれば商売につながる利点は多いと感じる。ただしショップやカフェのあるエリアが限定されているため、競争相手が多いことは覚悟しなくてはならないだろう。

私が観光を含めて行った町は、北から札幌、秋田、新潟、郡山、名古屋、岐阜、四日市、犬山、大阪、京都、岡山、倉敷、松江、広島、高知、松山、北九州、福岡。

全国を見てまわったというほどではないけれど、日本中、観光地化された町ばかりではないんだなあ、との感想をもった。そして、観光地化されていない中・小都市は日本全国にいったいいくつあるんだろうかと、考えてしまった。

山口市は観光名所もあるけれど、観光地化はされていない中都市、県庁所在地ということになる。山口市は、前にも書いているように、圧倒的車社会だ。

山口市内は、夕方の五時半ともなると、それまでののんびりした道路の車線があっという間に車に埋め尽くされてしまい、スーパーに行くのにも一苦労する。官公庁が多く、九時五時勤務の人たちがいかにこの町に多いのか、ということが夕方の時間帯に車に乗るとよくわかる。

おそらくこれは山口に限った話ではなく、全国の観光地化されていない小・中都市のほとんどは車社会として町が成り立っているように感じている。

家族全員、成人の場合、一家に三、四台は車があるのが地方都市の常識になっているのではないだろうか。

小・中都市が多いドイツでは、街中の交通はトラムという路面電車と自転車が主流である。日本もそうなれば、車社会の問題はかなり改善されると私は思うのだが、それはまだまだ先のことになりそうだ。

みなさんが起業して店を持ち、だんだんとビジネスが軌道に乗ってきたとなると、スタッフの手が必要だなと考えるはず。そのスタッフも当然、車通勤がほとんどになる。月極めの駐車場代は四千円から六千円くらいが、小・中都市の相場かなと思う。

私たちは、スタッフの一日分の給金が、駐車場代に消えてしまうとなると、雇い主側で駐車場を確保したほうがよいということになった。

かくして二号店は敷地内に十台分の駐車スペースを備え、さらに店前に四台の駐車場を月極めで借りた。開店以来悩まされてきた駐車場問題からは解放されたのでほっとしている。

とはいえ駐車場を確保したからトラブルがなくなったわけではない。山口暮らし、一回だけちょっとしたハプニングが起こった。

山口市では五月、「ほたる祭り」というイベントが一の坂川で行われる。ホタルを観賞する人たちのために、一部道路は車の通行が禁止され、後河原店の前の片岡小路も車は入れない。

あるときホタルをふたりで見に行って帰ってきてみると、なんと店の駐車場に白のベンツ、それもななめ駐車。進入する車を監視しているスタッフに聞くと、ここの住民だというので、通したとのこと。

なんと悪質な、と頭にきてしまった。ちなみに私はスキンヘッドで体もゴツい。武術もやっている。そんな男がベンツの前で腕組みをして仁王立ちしていると、こわもてかと思いきや、普通の中年のオッサンが現れた。

拍子抜けしたものの、怒りはおさまらない。

「女性ばっかりの店と思ってなめてんですか？」

オッサンは震える手で、一万円札を出そうとしている。一瞬でこちらの気持ちが萎えてしまった。すごすごと白いベンツは走り去っていったのだが、声を荒らげてしまったことを後悔した。短気は損気です、みなさん。

六十五歳で運転免許を取る

運転免許は地方に移住するにせよ起業するにせよ、持っているほうが断然いい。わたしは妻が免許を持っていて、車を運転してくれていたので、「ま、いっかあ、環境にやさしい男ってことで」ですませていた。だが、車社会で無免許は不便きわまりない。

二〇二三年九月、私は六十五歳になった。前期高齢者の仲間入りをしたのである。それに先立ち気持ち的に、なんとか六十四歳のうちに運転免許が欲しくなった。そうして山口市内の自動車学校に通い始めたのが、二〇二三年六月の下旬。運転免許を取得したのが十月十六日、なんと三か月半もかかってしまった。

仮免で四回も失敗してしまい、五回目でなんとか仮免許取得。二つの学科試験と最後の本免試験は一発合格だった。

教習中は色黒で黒めのシャツとパンツの組み合わせがイキなM先生につききりで指導してもらっていた。なんとなく私の高校時代のヤンチャな同級生を思いださせるM先生とはギャグのセンスで意気投合した。しかし私の運転センスの無さは、すぐに馬脚を現し始め、仮免を落ちるたびに、もうやめます、と教習所に電話するしまつ。

都合二回、M先生は店まで来て私に、「今諦めるのはもったいない」と懇切丁寧に説得してくれたのだ。

六十五歳の誕生日はとっくに過ぎ、前期高齢者になってはいたが、その甲斐あって運転免許ゲット。M先生にいただいた宇部市の琴崎八幡宮の交通安全御守りは今も私の財布に入っている。教習所ではヤング（死語だけど絶対使う）な若者たちの中に、ぽつねんと混じった私を見て、M先生以外の先生方にもお心遣いいただいた。

つくづく人のご縁をありがたく感じた、三か月半の教習所通いだった。

地域に溶け込むために

話をもとにもどそう。大都市にしか暮らしたことがない、しかし地方に移住したい、できれば起業して第二の人生をスタートさせたい。

そんな希望をもつ方々が最も気になるのは、地域住民との付き合い方だと思う。

私も島根県に暮らしたのは高校時代までなので、山口市にすんなり溶け込めるのか、一抹の不安がなかったわけではない。

私の子どもの頃は、町内会長を長年にわたってつとめる、町のうるさ型といったオヤジさんが必ずいたものだ。理想化されたイメージは、テレビドラマ「寺内貫太郎一家」の石屋のオヤジの感じだろうか（古すぎるけど）。

現在そんな小うるさいオヤジさんは、どこの市町村を探しても絶滅危惧種ではないだろうか。私たち夫婦は一号店のあるエリアの町内会に所属しているけれど、かなり高齢化が進み、オヤジさん世代すら少ない。一年交代の町内会役員ですら、なり手を探すのが大変なくらいなのだ。

私は一度、町内会の副会長を引き受けた後、二〇一七年から民生委員をやっている。いちおう私は介護士、ヘルパー二級の資格ももっている。

時折、家への帰り道がわからなくなったと、店に入って来るおばあちゃんがいたりする。まあここはひとつ、住んでいる地元に少しは役に立てるかも、という気持ちで民生委員を引き受けた。

町内会や市の行事も、できる範囲で参加することにしている。祇園祭ではお神輿をかつぎ、運動会では町内対抗の綱引きに出たり。

移住したみなさんにおすすめしたいのは、とにかく頭で考えないで、行事、催し物には積極的に参加したほうがいい、ということだ。

ただでさえ移住したてのころは、友人知人もいない。起業や新しい職場に慣れるのに大変だし、カフェであれショップであれ、頭の中の回路はマックスに働いている。

そんな時「あの行事、誘いが来てるけど、どうしようかなあ」などと考えていると、ますます参加するのが億劫《おっくう》になってくる。

ちょっとした会合の中での会話から、気の合う友人ができたり、都市生活が長かった移住組の人と、知り合えたりする。

日本の山間部だからって、おてもやんはいないし、絵にかいたような日本昔ばなしの世界はないけれど、情報や流通は都市部となんら変わることはない。

「移住希望者求む」の地方自治体はネットで検索するだけでも、本当にものすごい数が出てくる。そして住みたいと思った町の役所や、まちづくりセンターに行くだけで移住に関する情報は、尋ねたこちらが驚くほど集まってくる。

助成金も起業する業種や、住むエリアによって適用されたり、されなかったり、これも自治体、市町村によってかなり異なるので、じっくり移住前に調べておいたほうが良いと思う。

私たち夫婦は山口市に住み始めて十三年、良かったと思うことのひとつに、居住スペースの狭さや家賃の高さから解放されたことがある。特に私は絵を描くので、東京、埼玉に住んでいたころは、美術コンクールに出品するだけで場所の確保に一苦労だった。

いまはフルーツの下ごしらえに疲れたり、絵を描いたあとは、広々とした庭に出て萩に向かう山々を見たり、空をながめたりする。

夜になると店が建っている石垣の下の、一の坂川の河原をイノシシが鼻をブヒブヒ鳴らして歩いていたりするので、そこんとこは要注意。

今日も星空がきれいだ。

移住希望の皆さん、慎重かつ大胆に地方で行動してみませんか。

8

歴史の町山口、
日々の暮らし

私たち夫婦が、一の坂川が流れる山口市の大殿地区に住み始めて、十三年が経過した。

店は、水曜日は後河原店、金土日は瑠璃光寺店の週四日のみの営業なので、「休みが多くていいですね」と言われたりするのだが、これが丸一日完全には休めない。

我々夫婦の一週間の暮らしを紹介したい。

月曜日

店は休み、意外に多量に出るゴミを市のクリーンセンターに車で運ぶ。

その後、天気がいい日は、瑠璃光寺店から歩いて五分の瑠璃光寺へふたりで散歩。

「ニューヨーク・タイムズ」紙で二〇二四年、山口市が世界で行きたい町ナンバー3に選ばれたことには、本当に驚いてしまった。店から一歩外へ出たとたん、昨日までの景色が違って見えてしまう。人間て、現金な生きものだ。

国宝・瑠璃光寺五重塔はとにかく店から近いので、季節の変わり目以外にも朝、昼、夜にも訪れたりして、景色の変化を楽しんでいる。

私が一番好きな瑠璃光寺は雪が降った後、空が晴れ上がり青空にくっきりと雪をいただいた五重塔。

この塔が建立されたのは、十五世紀半ば。中世の人たちもそれぞれに自分好みの季節や時間にこの五重塔を訪れていたのだろうか。

現在、瑠璃光寺五重塔は約七十年ぶりの大規模改修のため、巨大な布で四方からすっぽりと覆われている。二〇二六年三月にこの改修が終わるまで、直接見ることはできないが、逆転の発想でこの長方形の形を（布には五重塔の姿が、白抜きで表現されている）現代アートとして、背景の小山と池のある庭とともに楽しんでみるというのはどうだろうか。

火曜日

店はお休み、なのだが瑠璃光寺店の厨房は忙しい。三人のスタッフさんと一緒に、一日中仕込みと焼き菓子作りである。

週一日の営業でも、大勢のお客様に来店していただけるのは本当にありがたい。火曜日や水曜日の朝、焼き菓子の写真をインスタグラムにアップしている効果もあるのかなあ、と携帯機器の進歩に感心しているところである。

ちなみにインスタグラムは私が担当している。

店に並ぶ予定の焼き菓子を、陶器や磁器のお皿やかごに盛り付け、ファブリックやアンティークの小物と組み合わせる。

デコラティブな物がすきな私の趣味で、かなりにぎやかなバロック的な画面構成になっている。

イメージでいうと八〇年代の雑誌「エル・デコ」風を意識しているといったらよいだろうか。

「あくまで、やをぜの焼き菓子がメインだからね」

と妻からきついお達しが出ているので、あまりに私の趣味が先走りすぎてくどい表現にならないように、妻の意見を取り入れてお菓子とモチーフを組み合わせているつもり。

夜、できた焼き菓子を車で後河原店に運ぶ。もちろん私の運転で。

運転免許を取得して三か月が経過し、前期高齢者の仲間入りをしたとはいえ、さすがに同じ道のりを何回も通るので、運転は慣れてきた（と思いたい）。

水曜日

水曜の朝は後河原店の開店準備。後河原店の週一回の営業日となる。こちらの方が山口市内中心部に近いということもあってか、かなり店内は混雑する。妻とスタッフ一名で、終日お客様に対応。販売のみに専念する。

私はひとり瑠璃光寺店に残り、ナッツを刻んだり、チョコレートを細かくくだいたり、金柑の種取りなどの下ごしらえをする。私はその後、歩いて瑠璃光寺店へ帰るというお決まりのコース。

天気の良い日と、薄曇りの日によって、毎週というわけではないけれど、二つの散歩コースを歩くことにしている。

まず店の門を背に、片岡小路を右に行くと赤い大鳥居の八坂神社が見えてくる。この赤い大鳥居に目を奪われがちだが、神社の社殿はなんと永正十六（一五一九）年に建てられたもの。お参りしながら室町時代に想いをはせてみるが、男は烏帽子、女性は頭の後ろで髪をしばっていたっけ、ぐらいのことしか思い浮かばない。

八坂神社をあとに国道をわたって、水墨画の巨匠、雪舟のアトリエ、雲谷庵《うんこくあん》に向かう。

雲谷庵はかやぶきの屋根に、黄土色の土壁、小さめの農家といった佇まいである。

　この雲谷庵が復元されたのは明治十七（一八八四）年。はっきりとこの場所に雪舟先生（リスペクトしているため先生と呼ばせていただきます）の画室、雲谷庵があったとは確認できなかったらしい。

　しかし江戸時代の街道絵図に豊臣秀吉と足利義輝の供養塔がある俊龍寺《しゅんりゅうじ》（このお寺も瑠璃光寺店から歩いて三分）の近くに雲谷庵が描かれている。また、発掘調査が行われ、室町時代の遺構や青磁片や陶器片が発見され、やはりこの辺りに雲谷庵があったのではということが言われている。

　私自身絵を描いている者として、画聖と称えられる雪舟先生のオーラというか、息づかいというか、その気配を自分の肉体と精神に感じたいためにここを訪れている。

　雪舟先生のような禅僧でもないし、室町時代のような簡素な生活をしているわけではないけれど、私の頭もスキンヘッドだしなあ。

常日ごろお坊さんの袈裟が似合いそう、といわれてもいる。

木曜日

店は休み。午前中は自宅用の食材を買ったり、焼き菓子の材料になる季節のフルーツの買い出しに出かけたりする。

萩のおおぶりな夏みかん、瑠璃光寺店の庭に植えたイチジクだけでは足りないので、県内産のイチジクを購入したり。

金柑は後河原店の近所の庭に大量に自生しているものと、我が家の金柑、それに市販のものをブレンドして、金柑のタルトやパウンドケーキができあがる。

市販のものと庭に自生しているものでは、同じ金柑でも微妙に味が違うので、まぜあわせることによって味のハーモニーが豊かになると感じている。

金柑の種取りは私の役割なので、体力勝負でいどんでいる。ちょっとした有酸素運動。

午後は夫婦で散歩。これも毎週ではないけれど、今回は瑠璃光寺五重塔の横の禅寺、保寧寺《ほねいじ》にお参りする。またすぐ横の歴史的建造物、枕流亭《ちんりゅうてい》横を通り抜け、ウグイス張りの石畳で有名な毛利家の墓所へ向かう。

枕流亭というのは、この二階で倒幕の密談が行われた重要な場所。というのはわかっちゃいるけど、なにせ建物が普通すぎる。ごく地味な一般民家なのだ。

私はここで革命談義が行われたということより、冬の寒さに昔の日本人はよく耐えたなあ、とそこばかりに注意がいってしまう。

歴史好きな友人が山口に来た時は、枕流亭の二階に案内することにしている。ウグイス張りの石畳は、そこで手を叩くと、ビョンビョンとかビンビンという空気が震える倍音というのか、ふしぎな音が響く。

この音がウグイス？　という感じなのだが、やはり毛利家のお墓があるせいなのか、夏場も涼しい風が吹くような、私たちも厳粛な気持ちになる場所である。

そこから、すぐとなりの洞春寺《とうしゅんじ》に向かう。この洞春寺、本堂は江戸時代の建物だが、入口の山門は十五世紀に作られたもの。

こういった歴史的建造物を見る時、私はあえてあまり本を読んだり、その場所にある説明文を読んだりしないようにしている。

歴史の知識が増えていくことは楽しいことだし、重要とは思うものの、それを取り払って先入観なしに建物や風景の気配を感じ取りたいと思っている。

特にこの洞春寺の山門は、中世、室町という時代に自分が抱くイメージにピッタリと重なる。烏帽子をかぶった武士そのものといった感じだろうか。

洞春寺をあとにして、国道沿いの切妻の大屋根が美しい旧武徳殿《ぶとくでん》をながめる。大きなお寺と勘違いする人も多いかもしれないが、剣道、柔道など武道振興のため昭和五(一九三〇)年に建てられたもので、現在は県警察体育館となっている。

国道沿いをさらに歩くと、すぐ県政資料館が見える。ここは旧山口県庁、さすが国会議事堂の設計にあたった技師たちが設計しただけあって、なんとなく外観は国会議事堂に似ているかもしれない。

県政資料館の入館料は無料、ありがたいけれど館内には県内物産品と、県政資料が展示されているのみで、ややものさびしい。レストランやカフェを入れて、展示内容を変えれば、観光の目玉になるのになあと私は思っている。

県政資料館のすぐ近くには、山口大神宮がある。山口大神宮は伊勢神宮のご分霊を勧請《かんじょう》して建てられた神社。つまり西のお伊勢様というわけである。

江戸時代、西日本の人たちがこぞって山口を旅していた光景を想像してしまう。

もうひとつ、散歩コースがある。やをぜ瑠璃光寺店から国道を渡り、龍福寺へ向かうコースだ。

「ニューヨーク・タイムズ」オンラインには、着物の女性が紅葉した参道の中に立って、向こうを向いている写真が掲載されている。

それは秋まっさかりの龍福寺の境内で写したもので、本当にここの紅葉は息をのむほどに美しい。

龍福寺は平成の修理の際に屋根がひわだ葺きに変えられている。その明るい屋根の茶色を、雲一つない青空の日に見上げると、気持ちが実に晴れやかになってゆく。

皆さん、ぜひ晴天の日にここに来て、龍福寺の屋根の色と青い空の色の対比を体感してください。

龍福寺は元々大内氏の館があったところ。発掘調査により、お寺の横に池泉庭園が復元され、西門という大内時代の門が、洛中洛外図のなかに描かれた門を参考に復元されている。

この池泉庭園は、いかにも直垂の室町貴族が舟遊びしている感じだし、西門は洛中洛外図屏風の門の絵から復元されているので、中世の山口ってこんな感じという気分がしてくる。

散歩コースのラストは今八幡宮《いまはちまんぐう》と野田神社を目指す。

龍福寺から私の足で五分くらい。今八幡宮は楼拝殿造りという楼門が拝殿を兼用する建築形式である。私はこの珍しい社殿にシビれ、前から見たり横に回ったりする。

二〇二二年からは頻繁に今八幡宮に参拝するようになった。

というのは毎年ひとりのアーティストがその年の干支をテーマに絵馬を描いて、拝殿にその作品が飾られる。

そして二〇二三年の干支のウサギの奉納絵馬を、私が描くことになったのだ。後光を背景に飛び跳ねる白ウサギ二匹と、懐中時計をもって大急ぎで走っている、「不思議の国のアリス」の中に登場するベストを着たウサギを描いた。

山口市が発行している『西国一の御屋形様　大内氏がわかる本　文化交流編』の一〇一ページに今八幡宮の写真が掲載されている。その右ハジに小さく私の描いた絵馬が写っているので、見てください。

今八幡宮のお隣は野田神社。幕末の長州藩主、毛利敬親《もとちか》とその子元徳《もとのり》を祭神とする格式の高い旧別格官幣社である。

木々が高く茂っているため、薄暗く神秘的な気配を感じる場所である。

なんといっても能楽堂まであるので、お武家という表現しか当てはまらないというべきか、サムライ然としたたたずまいの神社なのだ。

これまた私の勝手な思い込みなのだが、弓道場の雰囲気を体が感じてしまう。野田神社には石造りの空堀、つまり水のないため池がある。そこで二〇一三年には山口情報芸術センター（YCAM）十周年記念祭として、坂本龍一氏と高谷史郎氏のインスタレーション作品が発表されている。野田神社を流れる山水を人口霧にして、四十メートルの長方形の空の池に水蒸気がモワモワと沸き起こり、静かな環境音といえばいいのか、うまくその雰囲気を言葉で表すことができないが、静粛な音が神社のなかに響きわたる。野田神社に限らず、全ての神社やお寺というところは、インスタレーションであり、人々を非日常の空間に誘い込んでくれる装置なのではないだろうか。

ここまで私たち夫婦の散歩コースを、ざっくり説明してみたのだが、この文章を読んだ人はさぞ、歴史好き、歴史マニアな夫婦と思ったことだろう。

実状はかなり違っていて、とにかく私たちが暮らすこの大殿地区に、やたらと神社・仏閣が多いということなのである。

散歩の途中で鳥居がある、参道がある、鐘の音がする。じゃ入ってみようか、ということになってしまう。

季節や天気によって神社やお寺の気配や雰囲気、空気の香りまで装いを変えて私たちを迎え入れてくれる。

運気が良くなるような感覚を体が自然に覚えていて、神社・仏閣ということを意識せずに足を運んでいるのかもしれない。

金曜日

木曜日に良い運気をいただいたら、金曜日は朝から怒濤の焼き菓子作りが始まる。

私はフィナンシェ、マドレーヌ作りを担当。フィナンシェは焦がしバターの香ばしい香りが特徴の焼き菓子。キャラメルがけしたヘーゼルナッツのカリッとした歯ごたえがくせになる一品だ。

フラワー形の菓子型で焼きあがるマドレーヌは、スライスアーモンドが上に飾られ、なんとも形がかわいいと、私は柄にもなく思っている。

金曜日の夜は、翌日土曜日に瑠璃光寺店に並ぶお菓子を撮影、そしてインスタグラムにアップする。

土曜日、日曜日

土曜日、日曜日の二日間は、瑠璃光寺店は家族連れ、親子連れのお客様が多くなる日。焼き菓子を包装紙で包んでいる待ち時間は、焼き菓子売り場のとなりのウェイティングルームで休んでいただいている。

そこは私の絵と夫婦で集めた小物やアンティークが、ところ狭しと飾られたプチギャラリーになっている。子供たちやカップルが小物類を楽しんで眺めている様子をみていると、こちらまで嬉しくなる。

今度はどんな小物、アンティークを買ってみようかなあ、などという空想が私の頭をよぎる。いや、これ以上アンティークや小物を増やしてどうするんだと、最近はやっと気持ちにブレーキがかかるようになった。

そんな感じで日曜日になる。焼き菓子やをぜの一週間。

さて、瑠璃光寺五重塔まで、散歩に出かけてみようか。

あとがき

「六十五歳で運転免許、取りましたあ」と久しぶりに亜紀書房の内藤寛さんに電話をかけた。

内藤さんとは二十数年来の友人である。

亜紀書房から出版されている、平野恵理子さんのエッセイ集『六十一歳、免許をとって山暮らし』が本免許試験前、緊張の極みにあった私の気持ちを救ってくれた、と話をした。

平野さんは私のイラストレーター時代に、時おりお会いしたことがある間がら。十数年ぶりに平野さんにも電話をして、平野さんの山暮らしと私の山口暮らしの話で盛り上がった。

その後、内藤さんから電話があった。東京、埼玉から山口市に移住し、焼き菓子屋を開業し営む現在までの私たち夫婦の暮らしを、書いてみませんか、と勧められたのだ。

内藤家には私が描いた油彩一〇〇号が、デデン！　と飾られている。タイトルは「ゼブラ三味線」、ファンキーかつjazzyな絵の雰囲気を内藤さんが気に入って購入していただいたものと、勝手に解釈している。

改めてこの本を書くことを勧めてくださった内藤さん、この本のデザインを担当していただいたアルビレオさんにお礼申し上げます。

そして埼玉県の三郷市から山口市に夫婦で移り住んで、早や十三年、お一人おひとりのお名前はここに挙げられないけれど、本当にたくさんの方と出会い、助けていただいた。みなさんに、深く感謝申し上げます。

大都市のみに関心を向けるのではなく、多くの人に山口市に興味をもってほしいし、できれば住んでみてほしい。

山口市に限らず、地方には個性的で住みやすい町がたくさんある。

ある時期大都市に住んで、その後また地方の町に暮らす、そんな流動的な動きが日本全国に広まればいいな、との思いで本書を書きました。本書が地方暮らしも悪くないかも、と思う方の参考になれば、何よりの喜びです。

牛尾篤

二〇二四年三月　やをぜ瑠璃光寺店にて

牛尾 篤 ✤ Atsushi Ushio

1958年島根県生まれ。84年に多摩美術大学油絵科を卒業後、オーストリアの国立ウィーン応用美術大学にて、ボルフガング・フッターに師事。88年に帰国後は、東京／名古屋／京都などでの展覧会を中心に数多くの装・挿画、イラストの仕事に携わる。2006年より銅版画から油彩に技法を変え、新たな表現で作品を発表、活動拠点を山口に移し、大内毛利景観保存地区にある築130年の日本家屋にて制作している。2017年山口県美術展覧会優秀賞、2021年岡本太郎現代芸術賞特別賞受賞。著書に『憧れのウィーン便り』（トラベルジャーナル）、『花のような人』（岩波書店、佐藤正午との共著）など。

オトナのための「なりたいわたし」へ

都《と》会《かい》を離《はな》れて古《こ》民《みん》家《か》暮《ぐ》らしはじめました

2024年5月5日　初版第1刷発行

著　者　牛尾 篤

発行者　株式会社亜紀書房

〒101-0051
東京都千代田区神田神保町1-32
電話（03）5280-0261
https://www.akishobo.com

イラスト　牛尾 篤

装　丁　アルビレオ

DTP　コトモモ社

印刷・製本　株式会社トライ
https://www.try-sky.com

Printed in Japan
ISBN978-4-7505-1839-8

オトナのための「なりたいわたし」へ

「今のままの暮らしで大丈夫なのかな…？」

「仕事はいつまでできるかな？」

ライフステージの曲がり角にさしかかったとき、
だれもが悩み、不安を覚えるかもしれません。

「人生の冒険」に一歩踏み出した人たちがいます。

別ジャンルへの転職、新天地への移住、起業、留学、
新しい習い事や趣味への挑戦……。

「もう若くないし」「うまくいかなかったら、どうしよう」

不安や気後れとたたかいながら、楽しい生活を
切り開いている人たちの体験記をお届けします。

わたしにはむりかな…？

でも、まずは「別の生き方」を想像してみませんか。